## Parler et comprendre

# l'anglais

D0587390

# Chantecler

Cette édition par: Chantecler, Belgique-France.
Adaptation: Bernadette Putman
D-MCMXCVI-0001-183

# SOMMAIRE

# PRÉFACE

Ce guide a été mis au point par des spécialistes pour répondre aux principaux besoins des touristes et des hommes d'affaires en voyage en Grande-Bretagne ou dans un autre pays anglophone. Organisée selon des rubriques correspondant aux différents aspects d'un voyage, la vaste sélection de mots et de phrases est agrémentée d'un dictionnaire pratique à la fin de l'ouvrage. En vous y référant, vous pourrez adapter les phrases standard à votre situation particulière.

Ce guide comprend également un lexique culinaire très complet, qui répertorie la plupart des boissons et plats typiquement anglais. Vous trouverez enfin dans ce guide des répliques que l'on pourrait vous adresser, leur traduction, ainsi que les signaux ou instructions que vous pourriez voir ou entendre lors de votre séjour.

Afin de faciliter la prononciation de l'anglais, les mots et phrases sont retranscrits tels qu'ils se prononcent, et les caractéristiques particulières de l'anglais sont explicitées auparavant.

Pour lire la transcription simplifiée, prononcez chaque syllabe comme une syllabe française et placez l'accent tonique sur la syllabe soulignée : vous ne parlerez pas comme un Anglais mais vous serez bien compris. Voici quelques sons particuliers à l'anglais, que vous apprendrez par imitation :

**H**    *h* aspiré sonore, comme dans "*h*elp"
**TH**    s'écrit *th* en anglais
      entre le *s* et le *t*, comme dans "*th*ouch"
**Z**    s'écrit également *th* en anglais
      entre le *z* et le *d*, comme dans "*th*is is"

Le *r* anglais est un son qui se situe entre le *r* et le *w*, comme dans "*r*eady". Dans la transcription phonétique, ce son sera représenté par la lettre *R*.
La consonne nasale, que l'on retrouve dans "si*ng*le", "so*ng*", a une prononciation assez similaire aux sons que l'on retrouve dans "ping-pong", "baby-sitting" dits en français. Dans la transcription phonétique, cette nasale sera représentée par "*nng*" ou "*nnk*" (pour "drink" par exemple).
En outre, le signe : indique que le son qu'il suit est plus long qu'en français, comme dans "see" (s*i:*).

---

**L'ALPHABET**

| | | | | | |
|---|---|---|---|---|---|
| **A** | é | **J** | dgé | **S** | èss |
| **B** | bi: | **K** | ké | **T** | ti: |
| **C** | ci: | **L** | èl | **U** | you |
| **D** | di: | **M** | èm | **V** | vi: |
| **E** | i: | **N** | èn | **W** | d<u>o</u>bel you |
| **F** | èf | **O** | ô | **X** | èx |
| **G** | dgi: | **P** | pi: | **Y** | ouaï |
| **H** | étch | **Q** | kiou: | **Z** | zèd |
| **I** | aï: | **R** | âR | | |

---

**Deux b/s**
Double b/s
*d<u>o</u>bel bi:/èss*

## ■ GÉNÉRALITÉS

**Oui/Non.**
Yes/No.
*yèss/nô*

**Merci.**
Thank you.
*THènnk you*

**Non, merci.**
No thank you.
*nô THènnk you*

**S'il vous plaît.**
Please.
*pli:z*

**Pardon Monsieur/Madame, ...**
Excuse me please, ...
*èxkiouz mi pli:z*

**Pardon!**
Sorry!
*soRi*

**Je suis désolé.**
I'm really sorry.
*aïm Ri:li soRi*

**Je voudrais ...**
I would like ...
*aï woud laïk*

**Comment allez-vous?**
How are you?
*Hao âR you*

**Très bien, merci.**
Fine, thanks.
*faïn THènnks*

### ■ SALUER

**Bonjour.**
Hello.
*Hèlô*

**Au revoir.**
Goodbye.
*goudbaï*

**Bonne nuit.**
Good night.
*goud naït*

### ■ FAIRE CONNAISSANCE

**Je m'appelle ...**
My name is ...
*maï né:m iz*

**Comment vous appelez-vous?**
What's your name?
*ouatss yoR né:m*

**Comment s'appelle-t-il/elle?**
What's his name/her name?
*ouatss Hiz né:m/HeR né:m?*

**Puis-je vous présenter ... ?**
May I introduce you ... ?
*mé aï intRodiouss you*

**Voici ...**
Here's ...
*Hi:Rz ...*

**Enchanté.**
Pleased to meet you.
*pli:zd tou mi:t you*

### ■ *POSER DES QUESTIONS*

**Où/quand/comment ... ?**
Where/when/how ...?
*wèR/wèn/Hao*

**Quelle heure est-il?**
What time is it?
*ouat taïm iz it*

**Pourriez-vous me dire ... ?**
Could you tell me ... ?
*koud you tèl mi:*

**Aimeriez-vous ... ?** *(+ infinitif)*
Would you like to ... ?
*woud you laïk tou*

**Qu'est-ce que c'est?**
What is this?
*ouat iz THiss*

**Combien est-ce que ça coûte?**
How much does it cost?
*hao metch dez it cost*

**Est-ce que je peux payer par chèque?**
Can I pay by cheque?
*kèn aï pé baï tchèk*

**Est-ce que vous acceptez les cartes de crédit?**
Do you take credit cards?
*dou you ték cRèdit caRdz*

### ◀ SE PRÉSENTER

**Je viens de ...**
I'm from ...
*aïm fRom*

**J'ai ... ans.**
I'm ... years old.
*aïm ... yiRz ôld*

**Je suis ...** *(profession)*
I'm a ...
*aïm e*

**Je suis marié(e)/célibataire/divorcé(e).**
I'm married/single/ divorced.
*aïm mèRid/sinngel/ divôRst*

**J'ai ... sœurs/frères/enfants.**
I have ... sisters/brothers/children.
*aï Hèv ... sisteRz/bRoZeRz/ tchildRen*

**Je ne bois/fume pas.**
I don't drink/smoke.
*aï dônt dRinnk/smôk*

### ◀ EN SOCIÉTÉ

**J'aime ...**
I like/love ...
*aï laïk/lov*

**Je n'aime pas ...**
I don't like ...
*aï dônt laïk*

**J'aime nager/voyager.**
I like swimming/travelling.
*aï laïk swiminng/ tRavelinng*

**Je déteste ...**
I hate ...
*aï Hét*

**Aimez-vous ... ?**
Do you like ... ?
*dou you laïk*

**C'est délicieux/affreux.**
It's delicious/awful.
*its déliches/ ôfoul*

**Cela vous dérange si je fume?**
Do you mind if I smoke?
*dou you maïnd if aï smôk*

**Je ne mange ni viande ni poisson.**
I don't eat meat or fish.
*aï dônt i:t mi:t ôR fich*

**Que voulez-vous (boire)?**
What would you like (to drink)?
*ouat woud you laïk tou dRinnk*

**Je voudrais un ...**
I would like a ...
*aï woud laïk e*

**Je ne prends rien, merci.**
Nothing for me thanks.
*noTHinng fo mi THènnks*

**À la vôtre!**
Cheers!
*tchi:Rz*

**À vos souhaits!**
Bless you!
*blèss you*

**Je voudrais ...** *(+ verbe)*
I would like to ...
*aï woud laïk tou*

**Allons à Londres/au cinéma/à l'exposition.**
Let's go to London/to the cinema/to the exhibition.
*lèts gô tou Lenndenn/ tou ze sinema/ to ze ègzibichenn*

**Allons nager/nous promener.**
Let's go swimming/for a walk.
*lèts gô swiminng/fo a wo:k*

**Quel temps fait-il?**
What's the weather like?
*ouats Ze wèZe laïk*

**Le temps est affreux.**
The weather is awful.
*ze wèZe iz ôfoul*

**Il pleut à verse.**
It's pouring down.
*its pôRinng daoun*

**Il fait vraiment chaud.**
It's really hot.
*its Ri:li Hot*

**Il y a du soleil.**
It's sunny.
*its seni*

## ■ EN CAS DE PROBLÈME

**Pouvez-vous m'aider?**
Can you help me?
*kèn you Hèlp mi*

**Je ne comprends pas.**
I don't understand.
*aï dônt onndestènd*

**Parlez-vous français?**
Do you speak French?
*dou you spi:k fRènch*

**Y a-t-il quelqu'un qui parle français ici?**
Does anyone here speak French?
*dez èniwann HiR spi:k fRènch*

**Je ne parle pas anglais.**
I can't speak English.
*aï kannt spi:k innglich*

**Je ne sais pas.**
I don't know.
*aï dônt nô*

**Parlez plus lentement, s'il vous plaît.**
Please speak more slowly.
*pli:z spi:k moR slôli*

**Pourriez-vous me l'écrire?**
Could you write it down for me?
*coud you Raît it daoun fo mi:*

**J'ai perdu mon chemin.**
I've lost my way.
*aïv lost maï wé*

**Pouvez-vous m'indiquer comment aller à ... ?**
Could you tell me how to get to ... ?
*coud you tèl mi Hao tou guèt tou*

**Où sont les toilettes, s'il vous plaît?**
Could you tell me where the toilets are?
*coud you tèl mi ouèR Ze toïlets aR*

**Pouvez-vous me dire ... ?**
Can you tell me ... ?
*kèn you tèl mi*

**Y a-t-il ... ici?**
Is there ... here?
*iz ZèR ... HiR*

**Allez-vous-en!**
Go away!
*gô ewé!*

◀ *À LA RÉCEPTION*

**J'ai rendez-vous avec ...**
I have an appointment with ...
*aï Hèv en epoïntmennt wiTH*

**J'aimerais voir ...**
I would like to see ...
*aï woud laïk tou si:*

**Voici ma carte de visite.**
Here is my card.
*HiRz maï caRd*

**Ma société est ...**
My company is ...
*maï commpeni iz*

13

**Puis-je utiliser votre téléphone?**
May I use your phone?
*mé aï youz youR fôn*

---

### CE QUE VOUS VERREZ

| | |
|---|---|
| **admission free** | entrée libre/gratuite |
| **arrivals** | arrivées |
| **cash point** | caisse |
| **closed** | fermé |
| **customs** | douane |
| **departures** | départs |
| **drinking water** | eau potable |
| **emergency exit** | sortie de secours |
| **engaged** | occupé |
| **enquiries** | renseignements |
| **entrance** | entrée |
| **exit** | sortie |
| **first floor** | premier étage |
| **forbidden** | interdit |
| **for sale** | à vendre |
| **free** | gratuit |
| **gents** | messieurs |
| **ground floor** | rez-de-chaussée |
| **ladies** | dames |
| **left** | gauche |
| **lift** | ascenseur |
| **litter** | poubelle |
| **no admittance** | accès interdit |
| **no entry** | entrée interdite |
| **no parking** | stationnement interdit |
| **no smoking** | défense de fumer |
| **no vacancies** | complet |
| **open** | ouvert |
| **opening hours** | heures d'ouverture |
| **out of order** | en panne |

| | |
|---|---|
| **pedestrian precinct** | zone piétonne |
| **please do not ...** | prière de ne pas ... |
| **private** | privé |
| **public holidays** | jours fériés |
| **pull** | tirer |
| **push** | pousser |
| **road** | route |
| **reserved** | réservé |
| **right** | droite |
| **sale** | vente |
| **sales** | soldes |
| **smoking** | fumeurs |
| **street** | rue |
| **till** | caisse |
| **toilets** | toilettes |
| **tourist information** | office de tourisme |
| **to let** | à louer |
| **vacant** | libre |
| **visiting hours** | heures de visite |
| **warning** | attention |
| **way out** | sortie |
| **wet paint** | peinture fraîche |
| **working days** | jours ouvrables |

## *CE QUE VOUS ENTENDREZ*

| | |
|---|---|
| **attention!** | attention! |
| **cheerio!** | salut! |
| **come in!** | entrez! |
| **don't mention it** | il n'y a pas de quoi |
| **exactly** | exactement |
| **excuse me** | excusez-moi |
| **fine** | bien |
| **good** | bien |
| **goodbye** | au revoir |

| | |
|---|---|
| **have a good trip!** | bon voyage! |
| **hello!** | bonjour! |
| **help yourself** | servez-vous |
| **here you are!** | voici! tenez! |
| **hi!** | salut! |
| **how are things?** | comment ça va? |
| **how are you?** | comment allez-vous? |
| **how do you do?** | enchanté |
| **I don't know** | je ne sais pas |
| **I don't understand** | je ne comprends pas |
| **I'm so sorry!** | je suis vraiment désolé |
| **look out!** | attention! |
| **nice to meet you** | enchanté |
| **pardon?** | pardon? |
| **please** | s'il vous plaît |
| **really?** | vraiment? |
| **see you later** | à plus tard |
| **sorry** | pardon |
| **straight ahead** | tout droit |
| **thank you** | merci |
| **thank you, the same to you** | merci, également |
| **thank you very much** | merci beaucoup |
| **thanks** | merci |
| **that's right** | c'est exact |
| **very well, thank you** | très bien, merci |
| **– and you?** | – et vous? |
| **what did you say?** | qu'avez-vous dit? |
| **you're welcome** | de rien |

# EXPRESSIONS FAMILIÈRES

*Vous risquez d'entendre les expressions suivantes, mais il serait plus hasardeux de les utiliser!*

| | |
|---|---|
| **bloke** | type, mec |
| **bloody hell!** | zut alors! |
| **brilliant!** | génial! |
| **bugger** | imbécile |
| **chap** | type, mec |
| **cracked** | toqué, timbré |
| **damn!** | bon sang! |
| **damn ...** | fichu, satané ... |
| **do as you please!** | fais comme tu veux! |
| **fool** | imbécile, idiot |
| **get lost!** | va te faire voir! |
| **get out of the way!** | tire-toi! |
| **go to hell!** | va au diable! |
| **hurry up!** | dépêche-toi! |
| **I can't believe it** | je n'arrive pas à y croire |
| **I'm tuckered out** | je suis épuisé, crevé |
| **it's awful!** | c'est affreux! |
| **it's disgusting!** | c'est dégoûtant! |
| **it serves you right!** | c'est bien fait! |
| **just you try it!** | essaie un peu pour voir! |
| **lucky dog** | veinard |
| **my goodness!** | mon Dieu! |
| **nutty** | cinglé, timbré |
| **really?** | vraiment? |
| **scram!** | fiche le camp! |
| **sod off!** | fous le camp! |
| **so much the better** | tant mieux |
| **so what?** | et alors? |
| **shut up!** | la ferme! |
| **suit yourself!** | fais comme tu veux! |
| **thank God!** | Dieu merci! |
| **that's fine!** | c'est d'accord!/ça va bien! |
| **watch out!** | attention! |
| **you must be crazy!** | tu es fou! |

| | | |
|---|---|---|
| **lundi** | Monday | *monndé* |
| **mardi** | Tuesday | *tyouzdé* |
| **mercredi** | Wednesday | *wènzdé* |
| **jeudi** | Thursday | *THezdé* |
| **vendredi** | Friday | *fRaïdé* |
| **samedi** | Saturday | *satedé* |
| **dimanche** | Sunday | *senndé* |
| **janvier** | January | *djaniueRi* |
| **février** | February | *fèbRueri* |
| **mars** | March | *mâRtch* |
| **avril** | April | *épRol* |
| **mai** | May | *mé* |
| **juin** | June | *djoun* |
| **juillet** | July | *djoulaï* |
| **août** | August | *ôguest* |
| **septembre** | September | *sèptèmbe* |
| **octobre** | October | *octôbe* |
| **novembre** | November | *novèmbe* |
| **décembre** | December | *dicèmbe* |
| **printemps** | spring | *spRinng* |
| **été** | summer | *seme* |
| **automne** | autumn | *ôtemm* |
| **hiver** | winter | *winnte* |
| **Noël** | Christmas | *cRissmess* |
| **Jour de l'An** | New Year's Day | *niouyi:Rzdé* |
| **Pâques** | Easter | *i:ste* |
| **Vendredi saint** | Good Friday | *goud fRaïdé* |
| **Pentecôte** | Whitsun | *witsenn* |

# NOMBRES

0 zero *ziRô*
1 one *ouann*
2 two *tou*
3 three *THRi:*
4 four *fô*
5 five *faïv*
6 six *siks*
7 seven *sèvenn*
8 eight *éït*
9 nine *naïn*

10 ten *tèn*
11 eleven *ilèvenn*
12 twelve *twèlv*
13 thirteen *THeti:nn*
14 fourteen *fôti:nn*
15 fifteen *fifti:nn*
16 sixteen *siksti:nn*
17 seventeen *sèvennti:n*
18 eighteen *éïti:nn*
19 nineteen *naïnti:nn*

20 twenty *twènti*
21 twenty-one *twènti-ouann*
27 twenty-seven *twènti-sèvenn*
30 thirty *THeti*
40 forty *fôti*
50 fifty *fifti*
60 sixty *siksti*
70 seventy *sèvennti*
80 eighty *éïti*
90 ninety *naïnti*
100 (one) hundred *(ouann) Henndrèd*
162 (one) hundred and sixty-two *(ouann) Henndrèd ènd siksti-tou*
200 two hundred *tou Henndrèd*
1000 (one) thousand *(ouann) THaouzennd*
1 000 000 (one) million *(ouann) milyienn*

| | | |
|---|---|---|
| **aujourd'hui** | today | *toudé* |
| **hier** | yesterday | *ièstedé* |
| **demain** | tomorrow | *toumoRô* |
| **avant-hier** | the day before yesterday | *ze dé bifô ièstedé* |
| **après-demain** | the day after tomorrow | *ze dé afte toumoRô* |
| **cette semaine** | this week | *ziss wi:k* |
| **la semaine passée** | last week | *lâst wi:k* |
| **la semaine prochaine** | next week | *nèxt wi:k* |
| **ce matin** | this morning | *ziss môRninng* |
| **cet après-midi** | this afternoon | *ziss aftenoun* |
| **ce soir** | tonight | *tounaït* |
| **hier matin** | yesterday morning | *ièstedé môRninng* |
| **hier soir** | last night | *lâst naït* |
| **demain après-midi** | tomorrow afternoon | *toumoRô aftenoun* |
| **demain soir** | tomorrow night | *toumoRô naït* |
| **dans trois jours** | in three days | *inn THRi déz* |
| **il y a trois jours** | three days ago | *THRi déz egô* |
| **tard** | late | *lét* |
| **tôt** | early | *eRli* |
| **bientôt** | soon | *soun* |
| **plus tard** | later | *léteR* |
| **maintenant** | now | *nao* |
| **seconde** | second | *sèkennd* |
| **minute** | minute | *minit* |
| **dix minutes** | ten minutes | *tèn minits* |
| **quart d'heure** | (a) quarter of an hour | *(e) kwôte ov enn Haoue* |
| **demi-heure** | half an hour | *Hâf enn Haoue* |
| **trois quarts d'heure** | three quarters of an hour | *THRi kwôtez ov enn Haoue* |
| **heure** | hour | *Haoue* |
| **une heure et demie** | an hour and a half | *enn Haoue èn e Hâf* |
| **jour** | day | *dé* |
| **semaine** | week | *wi:k* |
| **quinzaine** | fortnight | *fô:tnaït* |
| **mois** | month | *monnTH* |
| **année** | year | *yi:R* |
| **siècle** | century | *sèntcheRi* |

# ■ *L'HEURE*

En Grande-Bretagne, on n'utilise le système de 24 heures (comme dans l'expression "la séance est à quatorze heures") que pour les horaires. Pour distinguer les heures de la matinée de celles de l'après-midi et du soir, on utilise a.m. (avant midi) et p.m. (après midi).

La préposition "à" se traduit par **at**: "à six heures" se dira donc **at six**. Lorsqu'on veut insister sur l'heure exacte, on utilise l'expression **o' clock**, placée après l'heure.

Pour exprimer les heures entre l'heure juste et la demie, on indique d'abord le nombre de minutes, suivi de la préposition **past**, avant de donner le chiffre de l'heure: **it's then past four** signifie "il est quatre heures dix"; **it's a quarter past nine** "il est neuf heures et quart".

Pour indiquer les heures entre la demie et l'heure juste, on indique le nombre de minutes avant l'heure, puis la préposition **to**, puis le chiffre de l'heure: **it's five to eight** signifie "il est 8 heures moins cinq"; **it's a quarter to eleven** "il est onze heures moins le quart". Pour indiquer la demie, on dira **it's half past ...** (le chiffre de l'heure): **it's half past three** signifie "il est trois heures et demie".

### Quelle heure est-il?
What time is it?
*ouat taïm iz it*

### Il est ...
It's ...
*its*

| | | |
|---|---|---|
| **une heure** | one o'clock | *ouann o clok* |
| **sept heures** | seven o'clock | *sèvenn o clok* |
| **sept heures du matin** | seven a.m. | *sèvenn é èm* |
| **sept heures du soir** | seven p.m. | *sèvenn pi èm* |
| **huit heures dix** | ten past eight | *tèn pâst éït* |
| **huit heures et quart** | quarter past eight | *kwôte pâst éït* |
| **huit heures et demie** | half past eight | *Hâf pâst éït* |
| **neuf heures moins vingt** | twenty to nine | *tw<u>e</u>nnti tou naïn* |

| neuf heures moins le quart | quarter to nine | *kwôte tou naïn* |
| midi | twelve (noon) | *twèlv (noun)* |
| minuit | midnight | *midnaït* |

## ■ *LA DATE*

Pour indiquer la date, on intercale toujours **the** entre le jour et le chiffre, et **of** entre le chiffre et le mois: mardi 2 juillet se dit **Tuesday, the 2d** (second) **of July.**
On utilise toujours les nombres ordinaux pour dire la date.

**Nous sommes le 14 juillet 1996.**
It's the 14th (fourteenth) of July, 1996.
*its Ze foRti:nTH ov djoulaï naïnti:n naïnti six*

**J'arriverai le jeudi 1er mai.**
I'll arrive on Thursday, the 1st (first) of May.
*aïl eRaïv onn THezdé Ze fe:st ov mé*

**Je reviendrai le jeudi 4 janvier.**
I'll be back on Thursday, the 4th (fourth) of January.
*aïl bi bak onn THersdé THe forTH of djaniouRi*

Vous pouvez vous procurer un guide officiel des hôtels auprès des syndicats d'initiative ("Tourist Information Centre") : un fascicule séparé pour chaque région de la Grande-Bretagne. Les hôtels y sont classés de 1 à 6 selon leur degré de confort. Le système international des étoiles est également utilisé, et certains hôtels sont spécialement recommandés par les deux organismes de tourisme automobile britanniques, AA et RAC. Les prix indiqués sont généralement par personne et non par chambre.

Vous trouverez également des chambres à prix très raisonnables dans les "Bed and Breakfast" (chez l'habitant), dans certains pubs et à la ferme. Les différents offices de tourisme britanniques publient un guide de ces établissements. Pour une somme modique, vous pouvez réserver votre chambre auprès d'un syndicat d'initiative local.

## VOCABULAIRE DE BASE

| | | |
|---|---|---|
| **ascenseur** | lift | *lift* |
| **chambre** | room | *Roum* |
| **chambre pour deux personnes** | double room | *dobel Roum* |
| **chambre pour une personne** | single room | *sinnguel Roum* |
| **clé** | key | *ki:* |
| **climatisation** | air conditioning | *èR kenndicheninn* |
| **déjeuner** | lunch | *lennch* |
| **demi-pension** | half-board | *Hâf bôRd* |
| **dîner** | dinner | *dineR* |
| **directeur** | manager | *manidgeR* |
| **douche** | shower | *chawe:* |
| **femme de chambre** | chambermaid | *tchémbe méd:* |
| **garçon** | waiter | *wéteR* |
| **hôtel** | hotel | *Hotel* |
| **lavabo** | washbasin | *wochbézinn* |
| **lit** | bed | *bèd* |
| **lit d'enfant** | cot | *kot* |
| **lit double** | double bed | *dobel bèd* |
| **note** | bill | *bil* |
| **nuit** | night | *naït* |

23

| | | |
|---|---|---|
| **parking** | car park | *câR pâRk* |
| **pension complète** | full board | *foul bôRd* |
| **petit déjeuner** | breakfast | *bRèkfest* |
| **pourboire** | tip | *tip* |
| **prix par jour** | price per day | *pRaïss pe: dé* |
| **réception** | reception | *Rissèpchenn* |
| **réceptionniste** | receptionist | *Rissèpchenist* |
| **réclamation** | complaint | *kemmplénnt* |
| **réserver** | book | *bouk* |
| **restaurant** | restaurant | *RèstRennt* |
| **salle à manger** | dining room | *daïninn Roum* |
| **salle de bains** | bathroom | *bâTHRoum* |
| **serviette de toilette** | towel | *tawel* |
| **toilettes** | toilets | *toïletts* |

**Avez-vous des chambres libres?**
Have you got any vacancies?
*Hèv you got èni vékensi:z*

**Nous avons réservé.**
We have a reservation.
*wi Hèv e Rèzevéchen*

**Je voudrais une chambre pour une personne.**
I'd like a single room.
*aïd laïc e sinnguel Roum*

**Je voudrais une chambre pour deux personnes.**
I'd like a double room.
*aïd laïc e dobel Roum*

**Je voudrais une chambre à deux lits.**
I'd like a twin room.
*aïd laïc e twin Roum*

**Je voudrais une chambre avec salle de bains.**
I'd like a room with a private bathroom.
*aïd laïc e Roum wiZ e pRaïvèt bâTHRoum*

**Je voudrais une chambre pour une nuit/trois nuits.**
I'd like a room for one night/three nights.
*aïd laïc e Roum fo ouan naït/THRi: naïts*

**Quel est le prix d'une chambre à deux lits pour une nuit?**
How much is a twin room per night?
*Hao metch iz e twin Roum pe naït*

**Nous ne savons pas encore combien de temps nous allons rester.**
We're not sure how long we're going to stay.
*ouiR not chouR Hao lonng ouiR goïnn tou sté*

**Nous avions réservé une chambre double.**
We have made a reservation for a dubble room.
*wi Hèv mé:d a Rizevéchen foR e dobel Roum*

**J'avais demandé une chambre avec salle de bains.**
I asked for a room with a private bathroom.
*aï a:skd foR e Roum wiTH e pRaïvèt bâTHRoum*

**Je serai de retour à dix heures.**
I'll be back at ten.
*aïl bi bak èt tènn.*

**La lampe est cassée.**
The lamp is broken.
*THe lè:mp iZ bRôkenn*

**Il n'y a plus de papier hygiénique dans la salle de bains.**
There isn't any more toilet paper in the bathroom.
*THèR iZnnt èni môR toïlètt pépeR in THe bâTHRoum*

**La fenêtre ne s'ouvre pas.**
I can't open the window.
*aï kannt ôpenn THe winndow*

**Il n'y a plus d'eau chaude.**
There isn't any more hot water.
*THèR iZnnt èni môR Hott wôteR*

**La prise de la salle de bains ne fonctionne pas**.
The plug in the bathroom doesn't work.
*THe pleg in THe bâTHRoum desnnt weRk*

**À quelle heure servez-vous le petit déjeuner/dîner?**
When is breakfast/dinner?
*ouèn iz bRèkfest/dineR*

**Pouvez-vous me réveiller à sept heures?**
Could you please call me at seven a.m.?
*coud you pli:z côl mi èt sèvenn é èm*

**Y a-t-il un service de blanchisserie?**
Do you have a laundry service?
*dou you Hèv e lonndRi se:viss*

**J'ai la chambre numéro ...**
My room number is ...
*maï Roum nemmbe iz*

**Nous partons demain.**
We are leaving tomorrow.
*oui âR li:vinn toumoRô*

**Pourriez-vous préparer ma note, s'il vous plaît?**
Could you make up my bill please?
*coud you mék ep maï bil pli:z*

**Pouvez-vous m'appeler un taxi?**
Could you call me a taxi?
*coud you côl mi e taxi*

**Pouvez-vous recommander un autre hôtel?**
Can you recommend another hotel?
*kann you Rècomènd enoZe Hotel*

**Je vais payer par carte de crédit.**
I am going to pay by credit card.
*aïm goinng tou pé: baï krèditt kaRd*

**Je vais payer comptant.**
I am going to pay cash.
*aïm goinng tou pé: kach*

---

### CE QUE VOUS VERREZ OU ENTENDREZ

| | |
|---|---|
| bathroom | salle de bains |
| B&B | chambre avec petit déjeuner |
| bed | lit |
| bed and breakfast | chambre avec petit déjeuner |
| bill | note |
| booking | réservation |
| breakfast | petit déjeuner |
| car park | parking |
| cold | froid |
| continental breakfast | petit déjeuner continental |
| dinner | dîner |
| double room | chambre pour deux personnes |
| emergency exit | sortie de secours |
| english breakfast | petit déjeuner à l'anglaise |
| fire escape | escalier de secours |
| full board | pension complète |
| guest house | pension |
| guests are requested to vacate their rooms by 12 o'clock | veuillez libérer votre chambre avant midi |
| hot | chaud |
| key | clé |
| lift | ascenseur |
| lounge | salon |
| no vacancies | complet |
| please do not disturb | ne pas déranger |
| private | privé |
| pull | tirer |
| push | pousser |
| registration form | formulaire à remplir |

| | |
|---|---|
| **ring for attention** | prière de sonner |
| **room** | chambre |
| **shower room** | douche |
| **single room** | chambre pour une personne |
| **tariff** | liste des prix |
| **toilets** | toilettes |
| **TV room** | salle de télévision |
| **twin room** | chambre à deux lits |
| **vacancies** | chambres disponibles |
| **washbasin** | lavabo |
| **with private bathroom** | avec salle de bains |

### *RÉPONSES PROBABLES*

**Please fill this form in.**
Veuillez remplir ce formulaire.

**How will you be paying?**
Quel mode de paiement utiliserez-vous?

**Could you pay by advance, please?**
Pourriez-vous nous payer d'avance, s'il vous plaît?

**Would you pay the bill cash or by credit card?**
Vous réglerez la note en liquide ou par carte de crédit?

**You have to leave the room before twelve.**
Vous devez libérer la chambre avant midi.

**For how many nights?**
Pour combien de nuits?

**I'm sorry, we're full.**
Je suis désolé, mais l'hôtel est complet.

**We have no twin rooms left.**
Il ne nous reste plus de chambres à deux lits.

L'office de tourisme britannique publie un guide officiel des terrains de camping et de caravaning, classés selon leur degré de confort. Vous pouvez également camper à la ferme pour une somme modique. En Écosse, le camping sauvage est très populaire.

*Auberges de jeunesse:* il y a 260 auberges de jeunesse en Angleterre et au Pays de Galles, et près de 80 en Écosse. On en trouve dans les grandes villes comme dans les endroits les plus retirés. Il n'y a pas de limite d'âge. Si vous avez l'intention d'y loger, n'oubliez pas de vous procurer une carte de membre avant votre départ. Les auberges anglaises et galloises ainsi que certaines auberges écossaises vous proposent des repas le matin et le soir, et des casse-croûte pour le déjeuner. Il y a généralement une petite épicerie sur place.

## ■ *VOCABULAIRE DE BASE*

| | | |
|---|---|---|
| **auberge de jeunesse** | youth hostel | *youTH Host(e)l* |
| **auto-stop** | hitchhiking | *Hitch Haïkinng* |
| **butagaz®** | Calorgas® | *calegass* |
| **camping** | camping | *kèmpinng* |
| **canif** | pocket knife | *pokit naïf* |
| **caravane** | caravan | *caRevann* |
| **carte de membre** | membership card | *mèmbeRchip caRd* |
| **corde** | rope | *Rôp* |
| **double toit** | fly sheet | *flaï chi:t* |
| **douche** | shower | *chawe:* |
| **eau potable** | drinking water | *dRinnkinng wôte:* |
| **feu** | fire | *faïe* |
| **gamelle** | billy can | *bili cann:* |
| **lampe de poche** | torch | *tô:tch* |
| **moustique** | mosquito | *moskitô* |
| **piquet** | peg | *pèg* |
| **poubelle** | rubbish bin | *Rebich binn* |
| **recharge** | refill | *Rifil* |
| **réchaud** | stove | *stôv* |
| **remorque** | trailer | *tRréle:* |
| **sac à dos** | rucksack | *Rec sak* |
| **sac de couchage** | sleeping bag | *sli:pinng bag* |

# CAMPING

| | | |
|---|---|---|
| **seau** | bucket | *bekèt* |
| **tapis de sol** | ground sheet | *gRaound chi:t* |
| **tente** | tent | *tènt* |
| **terrain de camping** | camp site | *kèmp saït* |
| **terrain de caravaning** | caravan site | *caRevann saït* |
| **toilettes** | toilets | *toïletts* |

**Est-ce que nous pouvons camper ici?**
Can we camp here?
*kèn wi kèmp HiR*

**Pouvons-nous garer notre caravane ici?**
Can we park our caravan here?
*kèn wi pa:k aoue caRevan HiR*

**Où se trouve le camping le plus proche?**
Where is the nearest camp site?
*wèR iz Ze ni:Rest kèmp saït*

**Quel est le prix pour une nuit?**
What is the charge per night?
*ouat iz Ze tchaRdg pe: naït*

**Y a-t-il des toilettes/douches sur ce terrain?**
Are there toilets/showers on this site?
*âR ZèR toïlets/chawez onn Ziss saït*

**Est-ce que les feux de camp sont autorisés?**
Can I light a fire here?
*kèn aï laït e faïe HiR*

**Où puis-je trouver ... ?**
Where can I get ... ?
*wèR kèn aï guèt*

**Y a-t-il de l'eau potable ici?**
Is there drinking water here?
*iz Zèr dRinnkinn wôte: HiR*

### CE QUE VOUS VERREZ OU ENTENDREZ

| | |
|---|---|
| **calorgas®** | butagaz® |
| **camp site** | terrain de camping |
| **drinking water** | eau potable |
| **duty** | corvée, service |
| **fire danger** | risques d'incendie |
| **height limit** | hauteur maximum |
| **hostel** | auberge |
| **membership card** | carte de membre |
| **midge** | moucheron |
| **mosquito** | moustique |
| **no camping** | camping interdit |
| **not drinking water** | eau non potable |
| **refill** | recharge |
| **sheet sleeping bag** | sac de couchage en toile |
| **showers** | douches |
| **SYHA** | Fédération écossaise des auberges de jeunesse |
| **take care – forest fires** | attention : risques d'incendie |
| **tent** | tente |
| **trailer** | remorque |
| **YHA** | Fédération des auberges de jeunesse |
| **youth hostel** | auberge de jeunesse |

Si vous louez une villa ou un appartement, on peut vous demander de payer certains suppléments. Renseignez-vous soigneusement pour savoir si l'électricité, le gaz etc. sont inclus. Mieux vaut également demander d'établir l'état des lieux dès le début du séjour, cela évitera d'éventuelles discussions au moment de quitter votre lieu de résidence. On vous demandera peut-être un acompte, assurez-vous qu'on vous donne un reçu pour celui-ci.

■ *VOCABULAIRE DE BASE*

| | | |
|---|---|---|
| **agent immobilier** | estate agent | *isté:t édjennt* |
| **bain** | bath | *baTH* |
| **boîte à fusibles** | fuse box | *fyouz box* |
| **bouché** | blocked | *blokt* |
| **cassé** | broken | *bRôkenn* |
| **caution** | deposit | *dipozit* |
| **chambre à coucher** | bedroom | *bèdRoum* |
| **chaudière** | boiler | *boïleR* |
| **chauffage central** | central heating | *sèntRol Hi:tinng* |
| **chauffe-eau** | water heater | *wôteR Hi:te:* |
| **clés** | keys | *ki:z* |
| **concierge** | caretaker | *kèRtékeR* |
| **couette** | duvet | *dou:vè* |
| **cuisine** | kitchen | *kitchenn* |
| **cuisinier** | cook | *couk* |
| **douche** | shower | *chaweR* |
| **draps** | sheets | *chi:ts* |
| **eau** | water | *wôteR* |
| **égout** | drain | *dré:n* |
| **électricien** | electrician | *èlektRichenn* |
| **électricité** | electricity | *èlektRiciti* |
| **évier** | sink | *sinnk* |
| **femme de ménage** | cleaner | *kli:neR* |
| **femme de chambre** | maid | *mé:d* |
| **fer à repasser** | iron | *aïenn* |
| **frigo** | fridge | *fRidj* |
| **fuir** | leak | *li:k* |

| | | |
|---|---|---|
| **fuite** | leak | *li:k* |
| **gaz** | gas | *gas* |
| **gril** | grill | *gRil* |
| **lampe** | light | *laït* |
| **machine à laver** | washing machine | *wochinng mechi:nn* |
| **oreiller** | pillow | *pilô* |
| **piscine** | swimming pool | *swiminng pou:l* |
| **planche à repasser** | ironing board | *aïeninng bôRd* |
| **plombier** | plumber | *plemeR* |
| **poubelle** | dustbin | *destbinn* |
| **radiateur** | heater | *Hi:teR* |
| **remboursement** | refund | *Rifennd* |
| **robinet** | tap | *tap* |
| **robinet d'arrêt** | stopcock | *stopcok* |
| **salle de bains** | bathroom | *baTHRoum* |
| **salle de séjour** | living room | *livinng Roum* |
| **serviette** | towel | *tawel* |
| **taie d'oreiller** | pillow slip | *pilô slip* |
| **toilettes** | toilets | *toïlets* |
| **torchon** | towel | *tawel* |

**J'aimerais louer un appartement/une villa pour ... jours.**
I'd like to rent an apartment/a villa for ... days.
*aïd laïc tou Rènt en epâRtmennt/ e vila foR ... déz*

**Dois-je payer une caution?**
Do I have to pay a deposit?
*dou aï Hèv tou pé a dipozit*

**Le gaz et l'électricité sont-ils inclus dans le prix?**
Does the price include gas and electricity?
*dez Ze pRaïss innclou:d gas ènd élèctRiciti*

**Retirez-le de l'inventaire, s'il vous plaît.**
Please take it off the inventory.
*pli:z ték it of Zi innvènntRi*

**Nous avons cassé ceci.**
We've broken this.
*wiv bRôkenn Ziss*

**Ceci était cassé quand nous sommes arrivés.**
This was broken when we arrived.
*Ziss woz bRôkenn wèn wi eRaïvd*

**Ceci manquait quand nous sommes arrivés.**
This was missing when we arrived.
*Ziss woz misinn wèn wi eRaïvd*

**Puis-je récupérer ma caution?**
Can I have my deposit back?
*kèn aï Hèv maï dipozit bak*

**Pouvons-nous avoir un lit supplémentaire?**
Can we have an extra bed?
*kèn wi Hèv en èxtRe bèd*

**Pouvons-nous avoir plus de vaisselle/couverts?**
Can we have more crockery/cutlery?
*kèn wi Hèv mo:R krokeRi/ketleRi*

**Quand la femme de chambre vient-elle?**
When does the maid come?
*wèn dez Ze mé:d komm*

**Où puis-je acheter/trouver ... ?**
Where can I buy/find ... ?
*wèR kèn aï baï/faïnd*

**Comment le chauffe-eau fonctionne-t-il?**
How does the water heater work?
*Hao dez Ze wôte: Hi:teR we:k*

**Faites-vous du repassage/du baby-sitting?**
Do you do ironing/baby-sitting?
*dou you dou aïReninng/ bébi sitinng*

34

**Préparez-vous le déjeuner/dîner?**
Do you prepare lunch/dinner?
*dou you pRipèR lennch/dinneR*

**Faut-il payer en plus ou est-ce inclus dans le prix?**
Do we have to pay extra or is it included?
*dou wi Hèv tou pé èxtRe oR iz it innclou:did*

**La douche ne fonctionne pas.**
The shower doesn't work.
*Ze chawe: dezennt we:k*

**L'évier est bouché.**
The sink is blocked.
*Ze sinnk iz blokt*

**L'évier/le wc fuit.**
The sink/toilet is leaking.
*Ze sinnk/toïlet iz li:kinng*

**Il y a un tuyau cassé.**
There is a burst pipe.
*ZèR iz e beRst païp*

**Les éboueurs ne sont plus passés depuis une semaine.**
The rubbish has not been collected for a week.
*Ze Rebich Hèz not bi:n colèctid fo e wi:k*

**Il n'y a pas d'électricité/de gaz/d'eau.**
There is no electricity/gas/water.
*ZèR iz nô èlèctRiciti/gas/wôteR*

**Pouvez-vous le réparer aujourd'hui?**
Can you mend it today?
*kèn you mènnd it toudé*

**Envoyez votre facture à ...**
Send your bill to ...
*sènd youR bil tou*

**Je réside à ...**
I'm staying at ...
*aïm stéinng èt*

**Où devons-nous déposer les clés?**
Where do we have to put the keys?
*wèR dou wi Hèv tou pout THe ki:z*

**Merci de vous être occupé de nous!**
Thank you for taking care of us!
*THènnk you fo: tékinng kèR ov euss*

**Nous avons eu un séjour très agréable.**
We had a lovely stay.
*we Had e lovli sté*

**Merci pour tout!**
Thank you for everything!
*THènnk you fo: èvRiTHinng*

**À l'année prochaine!**
See you again next year!
*si: you egèn nèxt yi:R*

Vous savez sans doute que l'on roule à gauche en Grande-Bretagne, et que l'on dépasse par conséquent à droite.

Vous vous habituerez rapidement à ce type de conduite, mais restez attentif: sur une route agréable et tranquille, les anciens réflexes reviennent vite et l'on se retrouve sans y penser du côté droit de la route! Afin de pouvoir effectuer sans risque les manœuvres de dépassement, équipez votre voiture, si elle n'en est pas munie, d'un rétroviseur à droite.

La plupart des panneaux de signalisation sont identiques au système international, vous les comprendrez donc sans peine. Nous donnons ci-dessous quelques panneaux spécifiquement britanniques.

Les distances et les vitesses se calculent en miles et miles par heure et non en kilomètres et kilomètres/heure. Vous trouverez à la page 106 des tables de conversion détaillées.

Le réseau autoroutier est plus développé en Angleterre qu'en Écosse et au Pays de Galles; les axes principaux sont bien desservis par des autoroutes et routes nationales. Les autoroutes sont numérotées et préfixées de la lettre M, les routes nationales prennent la lettre A et les autres routes la lettre B. Il n'y a pas de péages sur les autoroutes.

La vitesse est limitée à 30 miles/heure (environ 48 km/h) dans les agglomérations, à 70 miles/heure (environ 110 km/h) sur les autoroutes et à 60 miles/heure (environ 96 km/h) sur les autres routes. Les lignes jaunes peintes au bord de la route signifient que le stationnement y est limité; les doubles lignes jaunes, que le stationnement y est interdit.

Vous ne pouvez vous garer qu'à certains endroits payants; il faut aller chercher le ticket dans un distributeur et le placer de manière visible dans votre véhicule.

Dans les villes, en plus des passages cloutés que nous connaissons, vous trouverez des zones spécifiques qui permettent de traverser, les zones "Pélican", avec des signaux lumineux. S'ils clignotent, cela indique que les piétons ont priorité. Aux ronds-points (que vous rencontrerez à la plupart des carrefours), la voiture qui est engagée a la priorité. Lorsqu'il n'y a pas de rond-point, la priorité est indiquée par des lignes sur le sol.

Les appels de phares ne sont pas forcément agressifs : ils veulent dire "après vous"!

## *PANNEAUX DE SIGNALISATION LES PLUS COURANTS*

| | |
|---|---|
| **1 : 5** | 20% |
| **at any time** | interdiction permanente |
| **black ice** | verglas |
| **blind alley** | cul-de-sac |
| **bus lane** | couloir pour autobus |
| **customs** | douane |
| **disabled** | personnes handicapées |
| **dual carriageway ahead** | route à quatre voies |
| **end of ...** | fin de ... |
| **except buses** | sauf autobus |
| **except for access** | sauf riverains |
| **except for loading** | sauf livraisons |
| **give way** | cédez le passage |
| **level crossing** | passage à niveau |
| **Mon-Sat** | du lundi au samedi |
| **motorway** | autoroute |
| **no parking** | défense de stationner |
| **one way** | sens unique |
| **pedestrians** | piétons |
| **permit holders only** | accès réservé aux véhicules autorisés |
| **reduce speed now** | ralentir |
| **road closed** | route barrée |
| **rondabout** | rond-point |
| **school** | école |
| **service area** | aire de service |
| **slow down** | ralentir |
| **switch on your lights** | allumez vos feux |
| **the north** | direction nord |
| **the south** | direction sud |
| **urban clearway** | route à stationnement interdit |
| **works** | travaux |
| **yds** | yards *(voir page 106)* |

## VOCABULAIRE DE BASE

| | | |
|---|---|---|
| **accélérer** | accelerate | *ecséleréït* |
| **aire de service** | service area | *se:viss éRia* |
| **allumage** | ignition | *ig-nichenn* |
| **antigel** | antifreeze | *entifRi:z* |
| **assurance** | insurance | *închouRenns* |
| **autoroute** | motorway | *môtewé* |
| **batterie** | battery | *batRi* |
| **boîte de vitesses** | gear box | *guiR box* |
| **bougie** | spark plug | *spaRk pleg* |
| **camion** | lorry | *loRi* |
| **camionnette** | van | *vann* |
| **capot** | hood | *Houd* |
| **carrefour** | crossroads | *cRossRôdz* |
| **ceinture de sécurité** | safety belt | *séïfti bèlt* |
| **clignotant** | indicator | *îndikéteR* |
| **coffre** | boot | *bout* |
| **compteur de vitesse** | speedometer | *spi:domiteR* |
| **conduire** | drive | *dRaïv* |
| **courroie du ventilateur** | fanbelt | *fan bèlt* |
| **crevaison** | flat tyre | *flat taïe* |
| **cric** | jack | *djak* |
| **dépasser** | overtake | *ôveték* |
| **déraper** | skid | *skid* |
| **diesel** | diesel | *di:zel* |
| **droite** | right | *Raït* |
| **embranchement** | junction | *djennkchenn* |
| **embrayage** | clutch | *cletch* |
| **enjoliveur** | hub cap | *Heb cap* |
| **essence** | petrol | *pètrol* |
| **essence ordinaire** | two-star (petrol) | *tou stâR (pètrol)* |
| **essuie-glaces** | windscreen wiper | *winndscRi:n waïpeR* |
| **fenêtre** | window | *winndô* |
| **feux arrière** | rear lights | *Ri:R laïts* |
| **feux de position** | sidelights | *saïd laïts* |
| **feux de signalisation** | traffic lights | *tRafic laïts* |

39

| freins | brakes | *bRéx* |
|---|---|---|
| garage | garage | *gaRa:j* |
| gauche | left | *lèft* |
| huile | oil | *oïl* |
| klaxon | horn | *HôRn* |
| marche arrière | reverse | *RiveRs* |
| moteur | engine | *èndginn* |
| moto | motorbike | *môtebaïk* |
| panne | breakdown | *bRèkdaoun* |
| pare-brise | windscreen | *winndscRi:n* |
| permis de conduire | driving licence | *dRaivinng laïssenns* |
| phares | lights | *laïts* |
| pièce de rechange | spare part | *spèR pâRt* |
| plaque minéralogique | number plate | *nemmbe: pléït* |
| pneu | tyre | *taïe* |
| porte | door | *dôR* |
| pot d'échappement | exhaust | *èxHôst* |
| priorité | right of way | *raït of wé* |
| ralentir | slow down | *slow daoun* |
| remorquer | tow | *tô* |
| réparer | repair | *RipèR* |
| rétroviseur | (rearview) mirror | *(Ri:R viou) miReR* |
| roue | wheel | *wi:l* |
| route départementale | B road | *bi Rôd* |
| route nationale | road | *Rôd* |
| serrure | lock | *lok* |
| station-service | petrol station | *pètRol stéchen* |
| super | four-star (petrol) | *fô: stâR (pètrol)* |
| vitesse | speed | *spi:d* |
| vitesse (première, seconde etc.) | gear (first, second etc.) | *guiR (fe:st, sèkennd)* |
| voiture | car | *caR* |
| volant | steering wheel | *sti:Rinng wi:l* |

**Le plein, s'il vous plaît.**
Fill her up please.
*fil HeR ep pli:z*

**Je voudrais de l'essence/de l'huile/de l'eau.**
I'd like some petrol/oil/water.
*aïd laïc sem pètrol/oïl/wôteR*

**Je voudrais 10 litres d'essence.**
I'd like 10 litres of petrol.
*aïd laïc tèn liteRz of pètrol*

**Pouvez-vous m'indiquer la route pour ... ?**
Could you tell me how to get to ... ?
*coud you tèl mi Hao tou guèt tou*

**Est-ce bien la route pour aller à ... ?**
Is this the road to ...?
*iz Ziss Ze Rôd tou*

**Quel est le chemin le plus court pour aller à ... ?**
What's the shorter way to go to ... ?
*wats Ze cho:te wé tou go tou*

**Pouvez-vous m'indiquer le garage le plus proche?**
Could you tell me where the nearest garage is, please?
*coud you tèl mi wèR Ze ni:Rest gaRa:j iz, pli:z*

**Pouvez-vous vérifier la pression des pneus/le niveau d'huile?**
Could you check the tyres/oil please?
*coud you tchèk Ze taïez/oïl pli:z*

**Faites-vous les réparations?**
Do you do repairs?
*dou you dou RipèRz*

**Pouvez-vous réparer l'embrayage?**
Can you repair the clutch?
*kèn you ripèR Ze cletch*

**Le moteur ne fonctionne pas bien.**
There is something wrong with the engine.
*ZèR iz somTHinng Rônng wiZ Zi èndginn*

**Le moteur chauffe trop.**
The engine is overheating.
*Zi èndginn iz ôveHi:tinng*

**Il me faut un pneu neuf.**
I need a new tyre.
*aï ni:d e niou taïe*

**Combien de temps est-ce que ça prendra?**
How long will it take?
*Hao lonng wil it ték*

**Où puis-je me garer?**
Where can I park?
*wèr kèn aï paRc*

**Est-ce que je peux me garer ici?**
Can I park here?
*kèn aï paRc Hi:r*

**Je voudrais louer une voiture.**
I'd like to hire a car.
*aïd laïc tou Haïe e caR*

**Combien cela coûte-t-il pour une journée?**
How much does it cost for one day?
*hao metch dez it cost foR ouann dé*

**Y a-t-il un supplément par kilomètre?**
Is there a suplement per kilometer?
*iz ZèR e seplimennt peR kilomi:terR*

**Quand dois-je la rendre?**
When do I have to give it back?
*wèn dou aï Hèv tou giv it bak*

---

**CE QUE VOUS VERREZ**

| | |
|---|---|
| **AA** | organisme de secours routier britannique |
| **brakes** | freins |
| **driving licence** | permis de conduire |
| **drunken driving** | conduite en état d'ébriété |
| **engine** | moteur |
| **exhaust** | pot d'échappement |
| **fanbelt** | courroie du ventilateur |
| **four-star** | super |
| **gears** | vitesses |
| **insurance** | assurance |
| **oil** | huile |
| **parking ticket** | contravention |
| **petrol** | essence |
| **petrol station** | station-service |
| **RAC** | organisme de secours routier britannique |
| **spare part** | pièce de rechange |
| **speed** | vitesse |
| **speeding** | excès de vitesse |
| **traffic jam** | embouteillage |
| **two-star** | essence ordinaire |

---

**CE QUE VOUS ENTENDREZ**

**May I see your identity card, please?**
Puis-je voir votre carte d'identité, s'il vous plaît?

**May I see your driving licence, please?**
Puis-je voir votre permis de conduire, s'il vous plaît?

### RÉPONSES PROBABLES

| | |
|---|---|
| **after the traffic lights** | après les feux |
| **at the next crossroad** | au prochain carrefour |
| **continue** | continuez |
| **first on the right** | première à droite |
| **for ... yards** | pendant ... mètres |
| **go back** | retournez |
| **go past ...** | passez ... |
| **keep going** | continuez |
| **left** | à gauche |
| **reverse** | reculez |
| **right** | à droite |
| **second on the left** | deuxième à gauche |
| **straight ahead** | tout droit |
| **turn right** | tournez à droite |
| **turn left** | tournez à gauche |

## LES CHEMINS DE FER

Des trains rapides (inter-city) relient la plupart des grandes villes à Londres. Pour les allers retours entre deux villes, les billets les plus avantageux sont les "city savers", qui coûtent à peine plus cher que les allers. Renseignez-vous également sur les abonnements spéciaux pour touristes couvrant soit l'ensemble du réseau, soit certaines régions, comme l'Écosse. Les enfants de cinq à quinze ans (inclus) paient demi-tarif. Vous pouvez effectuer les trajets de longue distance en wagons-lits de première ou seconde classe (un ou deux lits), très confortables; les couchettes n'existent pas. Vous trouverez dans les trains de grandes lignes un wagon-restaurant ou un chariot ambulant de restauration. Le service du dimanche et des jours fériés est limité et les trajets prennent en général plus de temps qu'en semaine. Il est prudent de prévoir suffisamment de temps pour prendre les correspondances car les retards sont assez fréquents. Il n'y a pas de machines à composter en Grande-Bretagne.

## VOCABULAIRE DE BASE

| | | |
|---|---|---|
| **adulte** | adult | _adelt_ |
| **aller retour** | return (ticket) | _RiteRn (tikit)_ |
| **aller simple** | single (ticket) | _sinnguel (tikit)_ |
| **arrivée** | arrival | _eRaïvel_ |
| **billet** | ticket | _tikit_ |
| **billet demi-tarif** | half(-price ticket) | _Hâf(-pRaïss tikit)_ |
| **buffet de la gare** | buffet | _bufè_ |
| **change** | bureau de change | _burô de change_ |
| **chariot** | luggage trolley | _leguidg tRoli_ |
| **chef de gare** | station supervisor | _stéchen soupevaïze_ |
| **chef de train** | guard | _gârd_ |
| **chemin de fer** | railway | _Ré:lwé_ |
| **compartiment** | compartment | _commpârtmennt_ |
| **compartiment fumeurs** | smoking compartment | _smôkinng commpârtmennt_ |
| **consigne** | left luggage | _lèft leguidg_ |
| **consigne automatique** | left luggage lockers | _lèft leguidg lokez_ |

| | | |
|---|---|---|
| **contrôleur** | ticket collector | *tikit colècte* |
| **correspondance** | connection | *conèkchen* |
| **départ** | departure | *dipâRtche* |
| **descendre** | get off | *guèt of* |
| **fenêtre** | window | *winndô* |
| **fourgon** | luggage van | *leguidg van* |
| **gare** | station | *stéchen* |
| **guichet** | ticket office | *tikit ofis* |
| **horaire** | timetable | *taïm tébel* |
| **locomotive** | engine | *èndgin* |
| **monter** | get on/in | *guète onn/inn* |
| **non-fumeurs** | no smoking | *nô smôkinng* |
| **panneau d'information** | indicator board | *îndikéte bôRd* |
| **place** | seat | *si:t* |
| **porte-bagages** | luggage rack | *leguidg Rac* |
| **portière** | door | *dôR* |
| **première classe** | first class | *fe:st clâss* |
| **quai** | platform | *platfôm* |
| **rails** | tracks | *tRax* |
| **renseignements** | information | *înfeméchenn* |
| **réservé** | reserved | *Rizevd* |
| **retard** | delay | *dilé* |
| **salle d'attente** | waiting room | *wétinng Roum* |
| **seconde** | second class | *sèkennd clâss* |
| **toilettes** | toilets | *toïletts* |
| **train** | train | *tRé:n* |
| **voiture** | coach, carriage | *côtch, caRidge* |
| **voiture de restauration** | dining car | *daïninng car* |
| **voiture de tête** | front coach | *fRonnt côtch* |
| **voiture de queue** | rear coach | *Ri:R côtch* |
| **wagon-lit** | sleeper | *sli:peR* |
| **wagon-restaurant** | dining car | *daïninng caR* |

**Un aller simple/retour pour ... s'il vous plaît.**
A single/return to ... please.
*e sinnguel/RiteRn tou ... pli:z*

**À quelle heure part le prochain/dernier train pour ... ?**
When is the next/last train for ... ?
*wèn iz Ze nèxt/lâst trén for*

**Combien coûte un aller simple/retour pour ... ?**
How much does a single/return to ... cost?
*Hao metch dez e sinnguel/return tou ... cost*

**Combien de temps faut-il pour aller à ... ?**
How long does it take to get to ... ?
*Hao lonng dez it ték tou guèt tou*

**Dois-je changer de train?**
Do I have to change?
*dou aï Hèv tou tchénj*

**Je voudrais réserver une place.**
I'd like to book a seat.
*aïd laïc tou bouc e si:t*

**De quel quai part le train pour ... ?**
Which platform for the train to ... ?
*witch platfôRm fo Ze tré:n tou*

**Le train a-t-il du retard?**
Is the train late?
*iz Ze tré:n lé:t*

**Cette place est-elle prise?**
Is this seat taken?
*iz Ziss si:t tékenn*

**J'ai réservé cette place.**
I have reserved this seat.
*aï Hèv Rizevd Ziss si:t*

## *CE QUE VOUS VERREZ OU ENTENDREZ*

| | |
|---|---|
| **alarm** | signal d'alarme |
| **alight** | descendre |
| **arrival** | arrivée |
| **booking** | réservation |
| **buffet car** | voiture de restauration |
| **calling at ...** | avec arrêts à ... |
| **carriage** | voiture |
| **change at ...** | changer à ... |
| **coach** | voiture |
| **connection** | correspondance |
| **danger – do not lean out of the window or open the door when the train is moving** | attention : ne pas se pencher par la fenêtre ni ouvrir la porte avant l'arrêt du train |
| **delay** | retard |
| **departure** | départ |
| **dining car** | wagon-restaurant |
| **does not run on Sundays** | ne circule pas le dimanche |
| **do not lean out of the window** | ne pas se pencher par la fenêtre |
| **do not use while standing in a station** | l'usage des WC est interdit pendant l'arrêt du train |
| **engaged** | occupé |
| **first class** | première classe |
| **for draught free ventilation open window between these lines** | pour une aération sans courant d'air, ouvrir jusqu'ici |
| **gentlemen/gents** | toilettes pour hommes |
| **get off** | descendre |
| **guard** | chef de train |
| **have you got a valid ticket?** | accès réservé aux personnes munies de billets |
| **ladies** | toilettes pour dames |
| **left luggage** | consigne |
| **left luggage lockers** | consigne automatique |
| **lock** | fermé |
| **luggage** | bagages |

| | |
|---|---|
| luggage rack | porte-bagages |
| network | réseau |
| no smoking | non-fumeurs |
| not drinking water | eau non potable |
| on time | à l'heure |
| passenger | voyageur |
| passengers must not cross the line | défense de traverser les voies |
| penalty | amende |
| platform | quai |
| reserved | réservé |
| return ticket | aller retour |
| Saturdays excepted | ne circule pas le samedi |
| Saturdays only | ne circule que le samedi |
| seat | place |
| second class | seconde classe |
| sleeper | wagon-lit |
| smoking | fumeurs |
| station | gare |
| Sundays and public holidays | les dimanches et jours fériés |
| the next train is at ... | le prochain train est à ... |
| this train is running approximately ... minutes late | ce train circule avec environ ... minutes de retard |
| tickets | billets |
| "tickets please" | "présentez vos billets, s'il vous plaît" |
| ticket vending machine | distributeur de billets |
| timetable | horaire |
| to open door lower the window and use outside handle | pour ouvrir la portière, baissez la vitre et servez-vous de la poignée à l'extérieur |
| trolley | chariot |
| vacant | libre |
| waiting room | salle d'attente |
| warning | attention |
| way out | sortie |
| weekdays | jours ouvrables |

## ■ *L'AVION*

Un service de navettes relie Londres-Heathrow à Glasgow, Edimbourg, Manchester et Belfast. Il y a également des vols réguliers à destination de Glasgow et d'Edimbourg partant de l'aéroport de Gatwick. D'autres villes moins importantes et même des endroits plus isolés, comme les îles du nord de l'Écosse, disposent de leur propre aéroport. Une ligne de métro assure la liaison entre l'aéroport de Heathrow et la ville de Londres (environ cinquante minutes) et un train effectue régulièrement le trajet entre Gatwick et Londres (une demi-heure environ). Un service d'hélicoptère relie Heathrow et Gatwick.

## ■ *VOCABULAIRE DE BASE*

| | | |
|---|---|---|
| aéroport | airport | *èRpôRt* |
| aile | wing | *winng* |
| arrivée | arrival | *eRaïvel* |
| atterrir | land | *lènd* |
| atterrissage | landing | *lèndinng* |
| avion | plane | *plé:n* |
| bagages à main | hand luggage | *Hènd leguidg* |
| boutique hors taxes | duty-free shop | *dyoutifRi: chop* |
| carte d'embarquement | boarding pass | *bôRdinng pass* |
| ceinture | seat belt | *si:t bèlt* |
| compagnie aérienne | airline | *èRlaïn* |
| décollage | take-off | *tékof* |
| décoller | take off | *tékof* |
| départ | departure | *dipâRtche* |
| douane | customs | *kestemz* |
| enregistrement des bagages | check-in | *tchèkinn* |
| fumeurs | smoking | *smôkinng* |
| hôtesse de l'air | stewardess | *styouedèss* |
| hublot | window | *winndô* |
| non-fumeurs | no smoking | *nô smôkinng* |
| passeport | passport | *pâsspôRt* |

| | | |
|---|---|---|
| **pilote** | pilot | *pailet* |
| **piste** | runway | *Rennwé* |
| **place** | seat | *si:t* |
| **porte** d'embarquement | gate | *guét* |
| **retard** | delay | *dilé* |
| **retrait des bagages** | baggage claim | *baguidg clém* |
| **salle** d'embarquement | departure lounge | *dipâRtche laounj* |
| **sortie de secours** | emergency exit | *imeRdgennsi èxit* |
| **steward** | steward | *styouwed* |
| **terminal** | terminal | *teRminel* |
| **vol** | flight | *flaït* |

**À quelle heure y a-t-il un vol pour ... ?**
When is there a flight to ... ?
*wèn iz ZèR e flaït tou*

**À quelle heure part le vol pour ... ?**
What time does the flight for ... leave?
*ouat taïm dez Ze flaït fo ... li:ve*

**Est-ce un vol direct?**
Is it a direct flight?
*iz it e daïRèct flaït*

**Quand dois-je me présenter à l'enregistrement des bagages?**
At what time do I have to check in?
*èt ouat taïm dou aï Hèv tou tchèk in*

**J'aimerais une place en non-fumeurs.**
I'd like a no smoking seat.
*aïd laïc e nô smôkinng si:t*

**Je voudrais une place côté fenêtre/couloir.**
I'd like a window/aisle seat.
*aïd laïc e winndô/aïl si:t*

51

## CE QUE VOUS VERREZ OU ENTENDREZ

| | |
|---|---|
| aircraft | avion |
| arrival(s) | arrivée(s) |
| baggage claim | retrait des bagages |
| boarding | embarquement |
| boarding card | carte d'embarquement |
| cancelled | annulé |
| check-in | enregistrement des bagages |
| crew | équipage |
| customs | douane |
| delayed | en retard |
| departure(s) | départ(s) |
| departure lounge | salle d'embarquement |
| domestic departures | départs vols intérieurs |
| emergency exit | sortie de secours |
| emergency landing | atterrissage forcé |
| excess baggage | excédent de bagages |
| flight | vol |
| gate | porte |
| hand luggage | bagages à main |
| international departures | départs internationaux |
| landing | atterrissage |
| landing card | carte de débarquement (pour la douane) |
| lift bar to stop | pour freiner, soulever la barre |
| nothing to declare | rien à déclarer |
| now boarding | embarquement immédiat |
| passenger | passager |
| passport control | contrôle des passeports |
| runway | piste |
| seat belt | ceinture |
| shuttle | navette |
| stop-over | escale |
| take-off | décollage |

---

**Flight number ... now boarding gate ...**
Vol ... : embarquement immédiat, porte numéro ...

**Fasten your seat belt.**
Attachez vos ceintures.

**Extinguish your cigarettes.**
Éteignez vos cigarettes.

**You may now smoke.**
Vous pouvez fumer maintenant.

**Please return to your seat.**
Regagnez votre siège, s'il vous plaît.

---

### ■ *LES TRANSPORTS PUBLICS*

Des services d'autocars assurent la liaison entre la plupart des villes britanniques; ils ont remplacé les trains dans de nombreuses régions rurales. Lorsque les chemins de fer et les autocars sont en concurrence,
vous constaterez généralement que les trains sont plus coûteux mais
plus rapides. Il est également plus difficile d'obtenir à l'avance les horaires des autocars car plusieurs entreprises se disputent le marché.
Toutes les villes britanniques ont des systèmes de transport public indé-
pendants, et les prix varient énormément d'une ville à l'autre. Il est généralement possible d'obtenir des cartes d'abonnement couvrant l'ensemble du réseau d'une ville (autobus, train et, le cas échéant, métro);
c'est une solution particulièrement intéressante pour visiter Londres.
Sans abonnement, il vous faudra souvent avoir la monnaie exacte pour
pouvoir prendre un autobus.
Le métro londonien ("tube") est un moyen de transport idéal pour le touriste qui veut se rendre rapidement d'un endroit à l'autre. Si vous êtes
claustrophobe, évitez les heures de pointe (8 h 30 à 9 h 30 et 16 h 30 à
18 h). Chaque ligne de métro a un nom et une couleur différents et vous
aurez à choisir entre deux directions au lieu de deux terminus comme à
Paris ("westbound" = ouest ou "eastbound" = est, "northbound" = nord
ou "southbound" = sud). Sur le quai, un panneau d'affichage automa-

tique vous indiquera jusqu'où va la rame. Il y a également des métros à Newcastle ("metro") et à Glasgow ("underground").

Les taxis sont assez bon marché, surtout si vous êtes à plusieurs. Le signal lumineux jaune portant les mots "FOR HIRE" sera allumé si le taxi est libre. Les célèbres taxis noirs sont encore très courants, mais vous trouverez également des voitures-taxis normales un peu partout.

### ■ *VOCABULAIRE DE BASE*

| | | |
|---|---|---|
| **adulte** | adult | *adelt* |
| **arrêt de bus** | bus stop | *bess stop* |
| **bus** | bus | *bess* |
| **car** | coach | *côtch* |
| **carte d'abonnement** | travel card | *tRavel câRd* |
| **conducteur** | driver | *dRaïveR* |
| **enfant** | child | *tchaïld* |
| **gare routière** | bus station | *bess stéchenn* |
| **métro** | underground | *enndegRound* |
| (à Londres) | tube | *tyou:b* |
| **passager** | passenger | *passènndgeR* |
| **place** | seat | *si:t* |
| **plan du réseau** | network map | *nètwe:k map* |
| **prix du ticket** | fare | *fèR* |
| **station** | station | *stéchenn* |
| **taxi** | taxi | *taxi* |
| **ticket** | ticket | *tikit* |

**Pouvez-vous m'indiquer la station de métro la plus proche?**
Could you tell me where the nearest underground station is, please?
*coud you tèl mi wèR Ze ni:Rest enndegRaound stéchenn iz pli:z*

**Où se trouve la gare routière?**
Where is the bus station?
*wèR iz Ze bess stéchenn*

**Où y a-t-il un arrêt de bus?**
Is there a bus stop near here?
*iz ZèR e bess stop ni:R HiR*

**Quel bus puis-je prendre pour aller à ... ?**
Which bus do I take to get to ... ?
*witch bess dou aï ték tou guèt tou*

**Pouvez-vous m'indiquer quand nous arriverons à ... ?**
Could you tell me when we get to ... ?
*coud you tèl mi wèn wi guèt tou*

**À quelle heure part le dernier bus?**
When does the last bus leave?
*wèn dez Ze lâst bess li:v*

**C'est très loin?**
Is it very far?
*iz it vèRi faR*

**Je voudrais aller à ...**
I want to go to ...
*aï wannt tou gô tou*

**Passez-vous près de ... ?**
Do you go near ... ?
*dou you gô ni:R*

**Où est-ce que je peux acheter un ticket?**
Where can I buy a ticket?
*wèR kèn aï baï e tikit*

**Pouvez-vous fermer/ouvrir la fenêtre, s'il vous plaît?**
Would you mind closing/opening the window?
*woud you maïnd clôzinng/ôpeninng Ze winndô*

**Où puis-je prendre un taxi?**
Where can I get a taxi from?
*wèR kèn aï guèt e taxi fRom*

**Arrêtez-vous ici, s'il vous plaît.**
Please stop here.
*pli:z stop HiR*

## CE QUE VOUS VERREZ OU ENTENDREZ

| | |
|---|---|
| all change | tout le monde descend |
| British Rail | grandes lignes |
| bus station | gare routière |
| cab | taxi |
| change | changement, changer |
| coach | autocar |
| coin | pièce de monnaie |
| departure | départ |
| do not speak to the driver | interdiction de parler au conducteur |
| door button – push to open | ouverture des portes : appuyer ici |
| doors close automatically | fermeture automatique des portes |
| eastbound | direction est |
| emergency stairs | escalier de secours |
| enquiries | renseignements |
| exact fare, please | faites l'appoint, s'il vous plaît |
| excess fare | supplément |
| exit to next care – emergency use only | défense de passer sauf en cas d'urgence |
| fare dodger | resquilleur |
| fine | amende |
| first class | première classe |
| first train | prochaine rame |
| for hire | libre |
| get in | monter |
| insert here | introduire ici |
| insert yellow ticket here | introduisez votre ticket jaune ici |
| inspector | contrôleur |
| keep your ticket | conservez votre ticket |
| ladies | dames |
| lift | ascenseur |
| line | ligne |
| local trains | trains de banlieue |
| main line station | grandes lignes |
| map | plan |
| mind the gap | attention à l'écart entre le wagon et le quai |

| | |
|---|---|
| network map | plan du réseau |
| no entry | passage interdit |
| northbound | direction nord |
| no smoking | interdiction de fumer |
| no way out | sortie interdite |
| obstructing the doors causes delay and can be dangerous | ne pas gêner la fermeture des portes |
| off-peak | heures creuses |
| open | ouvert |
| pass | carte d'abonnement |
| penalty | amende |
| platform | quai |
| please don't put your feet on seats | défense de mettre les pieds sur les sièges |
| please give up this seat if an elderly or handicapped person needs it | cette place est réservée en priorité aux personnes âgées ou handicapées |
| please queue here | veuillez faire la queue ici |
| please stand on the right | gardez votre droite |
| press here | appuyez ici |
| reduced rate | réduction |
| report unattended luggage | signalez tout colis ou bagage suspect |
| route | trajet |
| season ticket | abonnement |
| seat | place |
| seats | places assises |
| southbound | direction sud |
| standing | debout |
| step | marche |
| suburban lines | lignes de banlieue |
| this station | vous êtes ici |
| train | rame |
| travelcard | carte d'abonnement |
| tube | métro |
| validate | oblitérer |
| waiting room | salle d'attente |
| way out | sortie |
| westbound | direction ouest |

La mauvaise réputation de la cuisine anglaise ne se justifie plus de nos jours: de nombreux plats régionaux sont de véritables délices qui valent la peine d'être goûtés. En Grande-Bretagne, vous trouverez divers restaurants étrangers dans la plupart des villes; les restaurants indiens sont particulièrement populaires.

Que votre séjour soit bref ou prolongé, vous ne manquerez certainement pas de prendre un verre dans un "pub", établissement incontournable en Grande-Bretagne. La règle veut que l'on passe sa commande au comptoir, et que l'on y retire les boissons; on vous servira toutefois le plat que vous aurez commandé à table.

## ■ *VOCABULAIRE DE BASE*

| | | |
|---|---|---|
| **addition** | bill | *bil* |
| **assiette** | plate | *plé:t* |
| **beurre** | butter | *beteR* |
| **bière** | beer | *bi:r* |
| **bouteille** | bottle | *botel* |
| **café** *(boisson)* | coffee | *cofi* |
| **café noir** | black coffee | *blak cofi* |
| **carafe** | carafe | *keRaf* |
| **carte des vins** | wine list | *waïn list* |
| **chaise** | chair | *tchèR* |
| **chef** | chef | *chèf* |
| **couteau** | knife | *naïf* |
| **cuillère** | spoon | *spou:n* |
| **cuillère à café** | teaspoon | *ti:spou:n* |
| **cuillère à soupe** | soup spoon | *soupspou:n* |
| **demi-litre** | half-litre | *Hâf li:te* |
| **dessert** | sweet | *swi:t* |
| **digestif** | liqueur | *likyoue* |
| **eau** | water | *wôte* |
| **en-cas** | snack | *snak* |
| **entrée** | first course | *fe:st coRs* |
| **fourchette** | fork | *fôk* |
| **fromage** | cheese | *tchi:z* |
| **fruit** | fruit | *fRout* |
| **fruits de mer** | seafood | *si:foud* |

| garçon | waiter | *wéteR* |
| gâteau | cake | *kék* |
| lait | milk | *milk* |
| légume | vegetable | *védgtébel* |
| litre | litre | *li:te* |
| menu | menu | *mènyou* |
| pain | bread | *bRèd* |
| plat du jour | today's set menu | *toudéz sèt mènyou* |
| plat principal | main course | *mé:n koRs* |
| poisson | fish | *fich* |
| poivre | pepper | *pèper* |
| portion enfant | children's portion | *tchildRenns pôRchenn* |
| potage | soup | *soup* |
| pourboire | tip | *tip* |
| reçu | receipt | *Risi:t* |
| réserver | reserve | *Rizev* |
| restaurant | restaurant | *RestRennt* |
| salade | salad | *saled* |
| sauce | sauce | *soss* |
| sel | salt | *so:t* |
| serveuse | waitress | *wétRess* |
| service | service | *se:viss* |
| serviette | napkin | *napkinn* |
| soupe | soup | *soup* |
| sucre | sugar | *chougue* |
| table | table | *tébel* |
| tasse | cup | *kep* |
| thé | tea | *ti:* |
| verre | glass | *glâss* |
| viande | meat | *mi:t* |
| vin | wine | *waïn* |
| vinaigrette | French dressing | *fRènch dRèssinng* |

**Une table pour deux/trois personnes, s'il vous plaît.**
A table for two/three please.
*e tébel fo tou/THRi pli:z*

**Pouvez-vous me donner le menu/la carte des vins?**
I'd like to see the menu/wine list.
*aïd laïc tou si: Ze mènyou/waïn list*

**Y a-t-il un plat du jour?**
Is there a set menu?
*iz ZèR e sèt mènyou*

**Y a-t-il un menu pour enfants?**
Is there a children's menu?
*is ZèR e tchildRenns mènyou*

**Pour moi, un en-cas suffira.**
I only want a snack.
*aï onnli wannt e snak*

**Que recommandez-vous?**
What do you recommend?
*ouat dou you Rècomènd*

**Pouvons-nous essayer une spécialité locale?**
Can we try a local speciality?
*kèn wi tRaï e lôkel spéchialti*

**Un litre de vin rouge maison, s'il vous plaît.**
A litre of house red, please.
*e li:te ov Haouss Rèd pli:z*

**Servez-vous des plats végétariens?**
Do you have any vegetarian dishes?
*dou you Hèv èni védgtèRienn dichiz*

**Pourrions-nous avoir de l'eau?**
Could we have some water?
*coud wi Hèv sem wôteR*

**Je voudrais ...**
I'd like ...
*aïd laïc*

**Garçon!**
Waiter!
*wéteR*

**Mademoiselle!**
Waitress!
*wétRèss*

**Ce n'est pas ce que j'ai commandé.**
This is not what I ordered.
*Ziss iz not ouat aï ôRded*

**Ce plat est froid/mal cuit.**
This food is cold/not cooked properly.
*Ziss foud iz côld/not coukt pRopeli*

**Vous avez oublié d'apporter mon dessert.**
You've forgotten to bring my dessert.
*youv fegotenn tou bRinng maï dize:t*

**Pouvons-nous avoir plus de ... ?**
May we have some more ... ?
*mé wi Hèv som môR*

**Puis-je avoir un autre couteau/une autre cuillère?**
Can I have another knife/spoon?
*kèn aï Hèv anoZe naïf/spou:n*

**C'était délicieux.**
It was delicious.
*it woz déliches*

**L'addition, s'il vous plaît.**
Can I have the bill please?
*kèn aï Hèv Ze bil pli:z*

**Pouvons-nous payer séparément?**
Can we pay separately?
*kèn wi pé sèpRetli*

**Pourriez-vous me donner un reçu?**
Could you give me a receipt please?
*coud you giv mi e Risi:t pli:z*

---

**CE QUE VOUS ENTENDREZ**

**Enjoy your meal!**
Bon appétit!

**What would you like to drink?**
Que voulez-vous boire?

**Did you enjoy your meal?**
Cela vous a plu?

| | |
|---|---|
| **ale** | bière blonde |
| **almond** | amande |
| **anchovies** | anchois |
| **apple** | pomme |
| **apple charlotte** | charlotte aux pommes |
| **apple crumble** | pommes au four recouvertes d'une pâte croustillante |
| **apple juice** | jus de pomme |
| **apple pie** | tarte aux pommes |
| **apple sauce** | compote de pommes |
| **apple tart** | tarte aux pommes |
| **apple turnover** | chausson aux pommes |
| **apricot** | abricot |
| **artichoke** | artichaut |
| **asparagus** | asperge |
| **asparagus tips** | pointes d'asperges |
| **aubergine** | aubergine |
| **avocado** | avocat |
| **Aylesbury duckling** | caneton *(de qualité supérieure)* |
| **bacon** | lard |
| **bacon and eggs** | œufs au bacon |
| **baked** | au four |
| **baked Alaska** | omelette norvégienne |
| **baked beans** | haricots blancs à la sauce tomate |
| **baked potato** | pomme de terre au four |
| **Bakewell tart** | tarte à la confiture et à la pâte d'amandes |
| **bamboo shoots** | pousses de bambou |
| **banana** | banane |
| **banana custard** | crème à la banane |
| **banana fritter** | beignet à la banane |
| **banana split** | banane servie avec de la glace, des noix, de la crème |
| **bangers and mash** | purée de pommes de terre avec des saucisses |
| **barley** | orge |
| **barley wine** | bière très forte |
| **basil** | basilic |
| **Battenburg** | gâteau de Savoie à damier rose et jaune recouvert de pâte d'amandes |

| | |
|---|---|
| **beans on toast** | haricots blancs sauce tomate servis sur du pain grillé |
| **beansprouts** | germes de soja |
| **beef** | bœuf |
| **beefburger** | hamburger à la viande de bœuf |
| **beef olives** | paupiettes de bœuf |
| **beer** | bière |
| **beetroot** | betterave |
| **bhoona** | plat indien à sauce épaisse |
| **bilberry** | myrtille |
| **biryani** | plat indien à base de riz |
| **biscuits** | petits gâteaux secs |
| **bisque** | bisque |
| **bitter** | bière brune |
| **blackberry** | mûre |
| **black coffee** | café noir |
| **blackcurrant** | cassis |
| **black pudding** | boudin |
| **blancmange** | blanc-manger |
| **blue Stilton** | fromage bleu |
| **boiled** | œuf à la coque |
| **boiled patatoes** | pommes vapeur |
| **brawn** | fromage de tête |
| **bread** | pain |
| **bread and butter pudding** | dessert cuit au four à base de pain, lait et raisins secs |
| **breaded** | pané |
| **breakfast** | petit déjeuner |
| **breast** | poitrine, blanc |
| **brisket** | paupiette de poitrine de bœuf |
| **broad beans** | fèves |
| **broccoli** | brocoli |
| **broiled** | grillé |
| **broth** | bouillon |
| **Brussels sprouts** | choux de Bruxelles |
| **bubble and squeak** | purée de pommes de terre, choux et viande hachée |
| **bun** | petit pain au lait |
| **Burgundy** | bourgogne |
| **butter** | beurre |

| | |
|---|---|
| **butter beans** | haricots blancs |
| **butterscotch** | caramel |
| **cabbage** | chou |
| **Caerphilly** | fromage gallois à pâte dure |
| **cake** | gâteau |
| **candy-floss** | barbe à papa |
| **carp** | carpe |
| **carrot** | carotte |
| **carrot cake** | gâteau aux carottes |
| **carry out** | plats à emporter *(en Écosse)* |
| **cashew nuts** | noix de cajou |
| **casserole** | ragoût en cocotte |
| **cauliflower** | chou-fleur |
| **cauliflower cheese** | chou-fleur au gratin |
| **celery** | céleri en branches |
| **cereal** | flocons de céréales |
| **chapati** | crêpe indienne |
| **cheddar** | fromage à pâte dure |
| **cheese** | fromage |
| **cheese and biscuits** | fromage servi avec des biscuits salés |
| **cheese board** | plateau de fromage |
| **cheeseburger** | hamburger au fromage |
| **cheesecake** | tarte au fromage blanc et à la crème |
| **cheese omelette** | omelette au fromage |
| **cheese soufflé** | soufflé au fromage |
| **Chelsea bun** | petit pain aux raisins secs |
| **cherry** | cerise |
| **Cheshire** | fromage à pâte dure friable du nord de l'Angleterre |
| **chestnut** | marron |
| **chicken** | poulet |
| **chicken cutlet** | croquette de poulet |
| **chicken liver pâté** | pâté de foie de volaille |
| **chili** | piment |
| **chili con carne** | bœuf haché aux haricots rouges et aux piments |
| **Chinese** | chinois |
| **chips** | frites |
| **chives** | ciboulette |
| **choc-ice** | glace à la vanille recouverte de chocolat |

| | |
|---|---|
| **chocolate gâteau** | gâteau au chocolat |
| **chocolate mousse** | mousse au chocolat |
| **choice of** | au choix |
| **chop** | côtelette |
| **chop suey** | plat chinois à base de viande, de germes de soja et de riz |
| **chow mein** | plat chinois servi avec des nouilles frites |
| **Christmas pudding** | pudding de fruits macérés dans le vinaigre à l'indienne |
| **cider** | cidre |
| **cinnamon** | cannelle |
| **clams** | palourdes |
| **claret** | bordeaux rouge |
| **clotted cream** | crème épaisse en grumeaux |
| **cockles** | coques |
| **coconut** | noix de coco |
| **cod** | cabillaud, morue |
| **cod roe** | œufs de morue |
| **coffee** | café |
| **cold** | froid |
| **cold meats** | charcuterie |
| **cone** | cornet glacé |
| **Cornish pasty** | sorte de feuilleté à la viande |
| **corn on the cob** | épi de maïs |
| **cottage cheese** | fromage blanc grumeleux |
| **cottage pie** | sorte de hachis Parmentier |
| **courgette** | courgette |
| **crab** | crabe |
| **cracker** | biscuit salé |
| **crackling** | couenne de rôti de porc rissolée |
| **cranberry sauce** | confiture de canneberges |
| **crayfish, crawfish** | écrevisse, langouste, langoustine |
| **cream** | crème |
| **cream cake** | pâtisserie à la crème |
| **cream of chicken soup** | crème de volaille |
| **cream of mushroom soup** | velouté de champignons |
| **cream of tomato soup** | velouté de tomates |
| **cream puff** | chou à la crème |
| **cream slice** | millefeuille |

| | |
|---|---|
| cream tea | thé avec des petits pains, de la crème et de la confiture |
| cress | cresson |
| crisps | pommes chips |
| crumble | fruits au four recouverts d'une pâte croustillante |
| crumpet | sorte de petite crêpe épaisse servie grillée |
| cucumber | concombre |
| currant | raisin sec |
| curried | au curry |
| custard | crème anglaise épaisse |
| custard tart | sorte de flan |
| cutlet | côtelette |
| cuttlefish | seiche |
| dahl | haricots noirs à l'indienne |
| Danish pastry | feuilleté à la vanille ou au sucre |
| dates | dattes |
| deep-fried | frit |
| dessert | entremets |
| devilled | au poivre et à la moutarde |
| diced | en cubes |
| digestive biscuit | biscuit à la farine complète |
| dinner | dîner |
| double cream | crème fraîche |
| double Gloucester | fromage gras à pâte dure de l'ouest de l'Angleterre |
| doughnut | beignet |
| draught beer | bière pression |
| dressing | sauce à salade |
| drink | boisson |
| dripping | graisse |
| dry | sec |
| duck | canard |
| duckling | caneton |
| dumpling | quenelle |
| Eccles cake | gâteau aux raisins secs |
| eel | anguille |
| egg | œuf |
| egg custard | crème renversée |

| | |
|---|---|
| **egg mayonnaise** | œuf dur haché à la mayonnaise |
| **entrée** | plat principal |
| **Eve's pudding** | dessert aux fruits cuit au four |
| **faggot** | sorte de crépinette |
| **fennel** | fenouil |
| **figs** | figues |
| **fillet** | filet |
| **fish** | poisson |
| **fish and chips** | poisson frit avec des frites |
| **fish cake** | croquette de poisson |
| **fish fingers** | bâtonnets de poisson |
| **flan** | tarte |
| **flapjack** | biscuit aux flocons d'avoine et à la mélasse |
| **foo yong** | sorte d'omelette chinoise |
| **fool** | mousse aux fruits |
| **frankfurter** | saucisse de Francfort |
| **French** | français |
| **French beans** | haricots verts |
| **French dressing** | vinaigrette |
| **French fries** | pommes frites |
| **fresh fruit salad** | salade de fruits frais |
| **fresh orange juice** | orange pressée |
| **freshwater** | (d') eau douce |
| **fried egg** | œuf sur le plat |
| **fried rice** | riz chinois frit |
| **fritter** | beignet |
| **fruit cake** | cake |
| **fruit scone** | sorte de petit pain aux raisins secs |
| **fudge** | caramel fondant |
| **game** | gibier |
| **gammon** | jambon fumé ou cuit |
| **gammon steak** | tranche de jambon salé ou fumé |
| **garden peas** | petits pois fins |
| **garlic** | ail |
| **garlic bread** | pain grillé à l'ail |
| **gâteau** | gâteau à la crème |
| **ginger** | gingembre |
| **gingerbread** | pain d'épice |
| **ginger pudding** | dessert au gingembre |

| | |
|---|---|
| gingersnap | biscuit sec au gingembre |
| goose | oie |
| gooseberry | groseille à maquereau |
| grapefruit | pamplemousse |
| grapes | raisins |
| grated | râpé |
| gravy | sauce au jus de viande |
| green beans | haricots verts |
| greengage | reine-claude |
| green salad | salade verte |
| grilled | grillé |
| grouse | coq de bruyère |
| guava | goyave |
| gulab jamman | dessert indien à base de lait caramélisé |
| haddock | églefin |
| haggis | plat écossais à base d'avoine et d'abats de mouton |
| hake | colin |
| half-pint | quart de litre |
| halibut | flétan |
| ham | jambon cuit |
| ham omelette | omelette au jambon |
| ham roll | sandwich au jambon |
| ham salad | salade au jambon |
| ham soufflé | soufflé au jambon |
| hard boiled egg | œuf dur |
| hare | lièvre |
| haunch of venison | cuissot ou gigue de chevreuil |
| hazelnut | noisette |
| heart | cœur |
| heavy | bière brune (en Écosse) |
| herb tea | infusion |
| herring | hareng |
| hock | vin blanc allemand |
| home-made | fait maison |
| honey | miel |
| horseradish | raifort |
| hot | chaud, épicé |
| hot chocolate | chocolat chaud |
| hotpot | ragoût aux pommes de terre |

# LEXIQUE

| | |
|---|---|
| house wine | vin en carafe |
| ice cream | glace |
| ice cube | glaçon |
| icing | glaçage |
| Indian | indien |
| Indopak | indien/pakistanais |
| Irish stew | ragoût de mouton ou de bœuf aux pommes de terre |
| jacket potatoes | pommes de terre en robe des champs |
| jam | confiture |
| jellied eels | tranches d'anguilles en aspic |
| jelly | gelée |
| Jerusalem artichoke | topinambour |
| joint | rôti |
| jugged | en civet, à l'étouffée |
| juice | jus |
| kebab | brochette |
| kedgeree | pilaf de poisson |
| kidney | rognon |
| kidney beans | flageolets |
| king prawn | grosse crevette |
| kipper | hareng fumé et salé |
| knickerbocker glory | glace avec des fruits frais servie dans un grand verre |
| kofta | boulette de viande à l'indienne |
| korma | plat indien à la sauce au yaourt |
| lager | bière blonde |
| lamb | agneau |
| lamp chop | côtelette d'agneau |
| lamp cutlet | côtelette d'agneau |
| lamb tikka | agneau mariné et cuit au four à bois à l'indienne |
| Lancashire hotpot | ragoût aux pommes de terre |
| lassi | boisson indienne au yaourt |
| leaf spinach | épinards en branches |
| leek | poireau |
| leek and potato soup | potage aux poireaux et pommes de terre |
| leg of lamb | gigot d'agneau |
| lemon | citron |
| lemonade | limonade |

| | |
|---|---|
| lemon curd | pâte à tartiner au citron |
| lemon meringue pie | gâteau meringué au citron |
| lemon sole | limande |
| lemon tea | thé citron |
| lentils | lentilles |
| lentil soup | potage aux lentilles |
| lettuce | laitue |
| light | léger |
| light ale | bière blonde légère |
| lime juice | jus de citron vert |
| liver | foie |
| lobster | homard |
| loganberry | petit fruit semblable à la framboise |
| lunch | déjeuner |
| luncheon | déjeuner |
| luncheon meat | viande en conserve |
| macaroni cheese | macaroni au gratin |
| mackerel | maquereau |
| Madeira cake | sorte de quatre-quarts |
| madras | plat indien très épicé |
| main course | plat principal |
| malt loaf | cake au malt |
| malt whisky | whisky pur malt |
| mango | mangue |
| marinated herring | hareng mariné |
| marmalade | confiture d'orange |
| marrow | courge |
| marzipan | pâte d'amandes |
| mashed potatoes | purée de pommes de terre |
| mature | mûr, fait |
| meat | viande |
| meatball | boulette |
| meat loaf | pâté de viande |
| medium | à point |
| medium dry | demi-sec |
| medium rare | à point |
| melon | melon |
| menu | carte |
| mild | bière légère |
| milk | lait |

| | |
|---|---|
| milk chocolate | chocolat au lait |
| minced meat | steak haché |
| mincemeat | compote de pommes et de raisins secs |
| mince pie | tartelettes aux fruits secs |
| mineral water | eau minérale |
| mint sauce | sauce à la menthe |
| mixed grill | assortiment de grillades |
| mixed vegetables | assortiment de légumes |
| muffin | sorte de petit pain rond servi grillé |
| mulligatawny soup | soupe aux lentilles à l'indienne |
| mushroom | champignon |
| mushroom omelette | omelette aux champignons |
| mushy peas | purée de pois |
| mussels | moules |
| mustard | moutarde |
| mutton | mouton |
| nan bread | pain levé indien |
| Neapolitan ice cream | tranche napolitaine |
| new potatoes | pommes de terre nouvelles |
| noodles | nouilles |
| nut loaf | rôti végétarien aux noisettes |
| nuts | noix |
| nut sundae | dessert à la glace et aux noix |
| oatcake | galette d'avoine |
| oatmeal | flocons d'avoine |
| omelette | omelette |
| onion | oignon |
| onions rings | rondelles d'oignons |
| orange | orange |
| orange juice | jus d'orange |
| orange squash | sirop d'orange |
| oxtail | queue de bœuf |
| oyster | huître |
| pakora | beignet indien aux oignons et aux pommes de terre |
| pancake | crêpe |
| paratha | pain frit indien |
| parsley | persil |
| parsnip | panais |
| partridge | perdrix |

| | |
|---|---|
| pasta | pâtes |
| pastrami | bœuf fumé |
| pastry | pâte (à gâteau) |
| patia | plat aigre-doux indien |
| peach | pêche |
| pear | poire |
| peas | petits pois |
| pecan pie | gâteau aux noix caramélisé |
| pepper | poivre, poivron |
| peppermint | menthe |
| pheasant | faisan |
| pickled | macéré dans le vinaigre |
| pickled onion | oignon au vinaigre |
| pickles | légumes macérés dans le vinaigre |
| pie | tarte, tourte |
| pigs' trotters | pieds de porc |
| pike | brochet |
| pineapple | ananas |
| pint | demi-litre |
| plaice | carrelet |
| plain | nature |
| plain chocolate | chocolat à croquer |
| ploughman's lunch | assiette froide avec fromage, crudités, légumes au vinaigre |
| plum | prune |
| plum pudding | pudding |
| poached egg | œuf poché |
| poached trout | truite au bleu |
| poori | pain frit indien |
| poppadom | crêpe indienne croustillante |
| pork | porc |
| pork chop | côte de porc |
| pork pie | sorte de pâté en croûte |
| porridge | bouillie d'avoine |
| potato | pomme de terre |
| poultry | volaille |
| pound cake | quatre-quarts |
| prawn | crevette rose |
| prawn cocktail | cocktail de crevettes |
| prune | pruneau sec |

| | |
|---|---|
| puff pastry | pâte feuilletée |
| pulao | riz frit indien |
| pumpkin | potiron |
| quail | caille |
| quiche | tarte salée |
| rabbit | lapin |
| radish | radis |
| raisin | raisin sec |
| raita | yaourt indien au concombre ou à la menthe |
| rare | saignant |
| raspberry | framboise |
| raw | cru |
| red currant | groseille rouge |
| red Leicester | fromage à pâte dure |
| red wine | vin rouge |
| rhubarb tart | tarte à la rhubarbe |
| rice | riz |
| rice pudding | riz au lait |
| roast | rôti |
| roast beef | rôti de bœuf, rosbif |
| roast chicken | poulet rôti |
| roast duck | canard rôti |
| roast pork | rôti de porc |
| roast potatoes | pommes de terre sautées |
| rock bun | sorte de petit pain brioché aux raisins secs |
| rock salmon | roussette |
| roll | petit pain |
| roly-poly | roulé à la confiture |
| rosemary | romarin |
| rum baba | baba au rhum |
| Russian salad | salade russe |
| rye bread | pain de seigle |
| sage | sauge |
| salad | salade |
| salmon | saumon |
| salt | sel |
| saltwater | (poissons) de mer |
| samosa | chausson aux légumes à l'indienne |

| | |
|---|---|
| sandwich | sandwich au pain de mie |
| sardine | sardine |
| satay chicken | brochettes de poulet à la sauce aux cacahuètes |
| sausage | saucisse |
| sausage roll | sorte de friand |
| savoury | salé |
| scallop | coquille Saint-Jacques |
| scampi | crevettes frites |
| scone | sorte de petit pain |
| Scotch broth | potage aux légumes et à l'avoine |
| Scotch egg | œuf dur enrobé de chair à saucisse |
| scrambled eggs | œufs brouillés |
| seafood | fruits de mer |
| semolina | semoule |
| service (not) included | service (non) compris |
| set menu | plat du jour |
| shallot | échalote |
| shandy | panaché |
| shellfish | crustacés |
| sherpherd's pie | sorte de hachis Parmentier |
| sherbet | sorbet |
| sherry trifle | diplomate au sherry |
| shortbread | sablé écossais |
| shortcrust pastry | pâte brisée |
| shrimp | crevette grise |
| side salad | salade d'accompagnement |
| sirloin steak | bifteck dans l'aloyau |
| skate | raie |
| slimmer's menu | menu de régime |
| smoked | fumé |
| smoked salmon | saumon fumé |
| snack | casse-croûte |
| soft boiled egg | œuf mollet |
| sorrel | oseille |
| soup | potage |
| soup of the day | potage du jour |
| Spam | viande en conserve |
| sparerib | travers de porc |
| sparkling | mousseux |

| | |
|---|---|
| spinach | épinards |
| split | demi-bouteille |
| split peas | pois cassés |
| sponge cake | génoise |
| spotted dick | pudding aux raisins secs |
| spring greens | feuilles de chou vert |
| spring onion | ciboule |
| spring roll | rouleau de printemps |
| squid | calmar |
| starters | entrées |
| steak | bifteck |
| steak and kidney pie | tourte à base de rognons et de viande de bœuf |
| steak pie | tourte à la viande |
| steamed | cuit à la vapeur |
| stew | ragoût |
| stewed apples | compote de pommes |
| stout | bière brune |
| strawberry | fraise |
| stuffed | farci |
| stuffing | farce |
| sugar | sucre |
| sultana | raisin sec |
| sundae | dessert à la glace et aux fruits |
| swede | rutabaga |
| sweet | sucré, doux, entremets |
| sweet and sour | aigre-doux |
| sweetbread | ris |
| sweet cider | cidre doux |
| sweet corn | maïs en grains |
| Swiss roll | roulé à la confiture ou à la crème |
| T-bone steak | grand bifteck dans l'aloyau |
| take away | plats à emporter |
| tandoori | cuit au four à bois à l'indienne |
| tangerine | mandarine |
| tarragon | estragon |
| tart | tarte |
| tea | thé |
| tea biscuit | biscuit sec |
| tea with milk | thé au lait |

| | |
|---|---|
| **thousand islands** | mayonnaise à la tomate |
| **to take away** | à emporter |
| **toad in the hole** | saucisse enrobée de pâte à crêpes et cuite au four |
| **toasted cheese** | croûte au fromage |
| **toastie** | sandwich au pain de mie grillé |
| **toffee** | sorte de caramel |
| **toffee apple** | pomme caramélisée |
| **tomato** | tomate |
| **tomato sauce** | sauce tomate, ketchup |
| **tomato soup** | soupe à la tomate |
| **tongue** | langue |
| **topping** | garniture |
| **tossed salad** | salade *(avec vinaigrette)* |
| **treacle** | mélasse |
| **treacle pudding** | pudding à la mélasse |
| **treacle tart** | tarte à la mélasse |
| **trifle** | sorte de diplomate aux fruits |
| **trimmings** | garniture |
| **tripe** | tripes |
| **trout** | truite |
| **tuna (fish)** | thon |
| **turbot** | turbot |
| **turkey** | dinde |
| **turnip** | navet |
| **vanilla** | vanille |
| **vanilla slice** | sorte de millefeuille |
| **veal** | veau |
| **veal, ham and egg pie** | tourte à la viande de veau, au jambon et à l'œuf |
| **veg** | légume |
| **vegetable** | légume |
| **vegetable soup** | soupe de légumes |
| **vegetarian** | végétarien |
| **venison** | chevreuil |
| **Victoria sponge** | sorte de gâteau de Savoie |
| **vindaloo** | plat indien de viande macérée dans du lait caillé aux épices |
| **vinegar** | vinaigre |

| | |
|---|---|
| **wafer** | gaufrette, glace en sandwich entre deux biscuits |
| **walnut** | noix |
| **watercress** | cresson |
| **well done** | bien cuit |
| **Welsh rarebit** | sorte de croque-monsieur |
| **Wensleydale** | fromage à pâte dure friable du Yorkshire |
| **whipped cream** | crème Chantilly |
| **whitebait** | petite friture |
| **white coffee** | café au lait |
| **white sauce** | sauce blanche |
| **white wine** | vin blanc |
| **whiting** | merlan |
| **wholefoods** | aliments diététiques |
| **wholemeal** | à la farine complète |
| **Windsor soup** | potage à la viande de bœuf et d'agneau et au madère |
| **wine** | vin |
| **wine list** | carte des vins |
| **winkles** | bigorneaux |
| **with ice** | avec des glaçons |
| **Worcester sauce** | sauce piquante à base de vinaigre et de soja |
| **yogurt** | yaourt |
| **Yorkshire pudding** | pâte à crêpes cuite dans un moule, accompagnant le rôti de bœuf |

Les magasins sont généralement ouverts de 9 h à 17 h 30, parfois plus tard le jeudi soir. Les épiceries asiatiques, nombreuses dans les grandes villes, restent fréquemment ouvertes très tard. La plupart des magasins restent ouverts à l'heure du déjeuner.

## ■ VOCABULAIRE DE BASE

Consultez le dictionnaire qui figure en fin d'ouvrage pour un supplément de vocabulaire.

| | | |
|---|---|---|
| **acheter** | buy | baï |
| **agence de voyages** | travel agent's | tRavel édgennts |
| **ameublement** | furniture | feRnitcheu |
| **alimentation** | food | foud |
| **antiquaire** | antiques | ânnti:x |
| **articles de ...** | ... goods | ... goudz |
| **artisanat** | crafts | cRâfts |
| **arts ménagers** | household goods | HaoussHôld goudz |
| **bijouterie** | jeweller's | djoueleuz |
| **bon marché** | cheap | tchi:p |
| **boucherie** | butcher's | boutcheuz |
| **boulangerie** | baker's | békeuz |
| **boutique** | boutique | bouti:k |
| **caisse** | till | til |
| **charcuterie** | butcher's | boutcheuz |
| **chaussures** | shoes | chou:z |
| **cher** | expensive | èxpènnsiv |
| **coiffeur** | hairdresser's | HèRdRèsseuz |
| **confiseur** | confectioner's | connfèkchenneuz |
| **cordonnier** | shoe repairer's | chou: RipèReuz |
| **coûter** | cost | cost |
| **débit de boissons** | off-licence | of laïsenns |
| **disques** | records | rèkeudz |
| **droguerie** | chemist's | kémists |
| **électroménager** | household appliances | HaoussHôld eplaïennsiz |
| **épicerie** | grocery | gRôssRi |

| | | |
|---|---|---|
| **fleuriste** | florist's | *flo<u>R</u>ists* |
| **fruits** | fruit | *fRout* |
| **grand magasin** | department store | *dipâRtmennt stôR* |
| **horlogerie** | watchmaker's | *<u>wa</u>tchmékeuz* |
| **hypermarché** | hypermarket | *HaïpemâRkit* |
| **jouets** | toys | *toïz* |
| **librairie** | bookshop | *<u>b</u>oukchop* |
| **lingerie** | lingerie | *lin<u>g</u>eRi:* |
| **magasin** | shop | *chop* |
| **magasin d'appa-reils électriques** | electrical goods store | *èlect<u>R</u>ikel goudz stoR* |
| **magasin d'artisanat** | craft shop | *c<u>R</u>âft chop* |
| **magasin de cadeaux** | gift shop | *guift chop* |
| **magasin de chaussures** | shoe shop | *chou: shop* |
| **magasin de disques** | record shop | *R<u>è</u>ked chop* |
| **magasin de matériel audio** | audio equipment shop | *ôdiô èkwipmennt chop* |
| **magasin de produits naturels** | healthfood shop | *HèlTH-foud chop* |
| **magasin de souvenirs** | souvenir shop | *souven<u>i:</u> shop* |
| **marché** | market | *m<u>â</u>Rkit* |
| **marché couvert** | indoor market | *<u>i</u>nndô m<u>â</u>Rkit* |
| **matériel de camping** | camping equipment | *k<u>è</u>mpinng èk<u>w</u>ipmennt* |
| **matériel sportif** | sports equipment | *spôRts èk<u>w</u>ipmennt* |
| **mercerie** | haberdasher's | *H<u>a</u>beudacheuz* |
| **opticien** | optician's | *opt<u>i</u>chennz* |
| **papeterie** | stationer's | *st<u>é</u>chenneuz* |
| **pâtisserie** | cake shop | *kék chop* |
| **pharmacie** | chemist's | *k<u>è</u>mists* |
| **photographe** | photography shop | *fôt<u>ô</u>gRafi chop* |
| **poissonnerie** | fishmonger's | *f<u>i</u>chmonngueuz* |
| **porcelaine** | china | *tch<u>aï</u>na* |
| **prêt-à-porter** | clothes | *clôTHz* |
| **quincaillerie** | ironmonger's, hardware shop | *<u>aï</u>Rennmonnguez, H<u>a</u>RdwèR chop* |
| **rayon** | department | *dipâRtmennt* |
| **reçu** | receipt | *Ris<u>i:</u>t* |

| | | |
|---|---|---|
| **sac en plastique** | carrier bag | *ka̱Rie bag* |
| **salon d'essayage** | fitting room | *fi̱tinng Roum* |
| **soldes** | sales | *sé:lz* |
| **supermarché** | supermarket | *soupemâRkit* |
| **tabac** | tobacconist and newsagent | *toba̱conist ènd niou̱zédjennt* |
| **taille** | size | *saïz* |
| **tailleur** | tailor | *té̱leR* |
| **teinturier** | dry cleaner's | *dRaï kli̱:neuz* |
| **tissus** | fabrics | *fa̱brix* |
| **vente** | sale | *sé:l* |
| **vêtements** | clothes | *clôTHz* |
| **vêtements de sport** | sportswear | *spô̱RtswèR* |
| **vêtements dames** | ladies' wear | *lé̱di:z wèR* |
| **vêtements hommes** | menswear | *mè̱nnswèR* |

**Excusez-moi, où est/où sont ... ?**
Excuse me, where is/where are ... ?
*èxkyou̱z mi, wèR iz/wèR âR*

**Où puis-je trouver un magasin de ... ?**
Where is there a ... (shop)?
*wèR iz ZèR e ... (chop)*

**Où se trouve le plus grand centre commercial?**
Where is the main shopping area?
*wèR iz Ze mé:n cho̱pinng èRia*

**Y a-t-il un marché ici?**
Is there a market here?
*iZ ZèR e mâ̱Rkit HiR*

**Je voudrais ...**
I'd like ...
*aïd laïc*

**Avez-vous ... ?**
Do you have ... ?
*dou you Hèv*

**Combien coûte ... ?**
How much is ... ?
*Hao metch iz*

**Combien cela coûte-t-il?**
How much is this?
*Hao metch iz Ziss*

**Où se trouve le rayon ... ?**
Where is the ... department?
*wèr iz Ze ... dipâRtmennt*

**C'est un peu cher.**
It's a bit too expensive.
*its e bit tou èxpènsiv*

**Avez-vous quelque chose de plus grand/petit?**
Have you got anything larger/smaller?
*Hèv you got èniTHinng laRdjeR/smôleR*

**Avez-vous la taille au-dessus?**
Have you got the next size up?
*Hèv you got Ze nèxt saïz ep*

**Avez-vous d'autres couleurs?**
Does it come in other colours?
*dez it comm in oZe cole:z*

**Est-ce que je peux l'essayer?**
Could I try it on?
*coud aï tRaï it onn*

**Où faut-il payer?**
Where do I pay?
*wèR dou aï pé*

**Pouvez-vous me faire un emballage-cadeau?**
Could you gift-wrap it for me?
*coud you guift-Rap it fo mi*

**Pourriez-vous me donner un sac en plastique?**
Could you give me a carrier bag?
*coud you giv me e caRie bag*

**Puis-je payer par chèque?**
Can I pay by cheque?
*kèn aï pé baï tchèk*

**Acceptez-vous les cartes de crédit?**
Do you take credit cards?
*dou you ték cRèdit caRdz*

**Je crois que vous ne m'avez pas rendu assez d'argent.**
I think perhaps you've short-changed me.
*aï THinnk peRHaps youv chôRt tchènjd mi*

**Est-ce qu'il vous en reste d'autres?**
Do you have any more of these?
*dou you Hèv èni môR ov Zi:z*

**Avez-vous moins cher?**
Have you anything cheaper?
*hèv you èniTHinng tchi:pe*

**Je crains de ne pas avoir le reçu.**
I'm afraid I don't have the receipt.
*aïm efRéd aï dônt Hèv Ze Rici:t*

**Mon appareil photographique ne marche pas.**
My camera isn't working.
*maï camRa izennt we:kinng*

**Je voudrais un film couleur 36 poses.**
I want a 36-exposure colour film.
*aï wannt e THeRti-six èxpôje cale film*

**Pouvez-vous développer ce film?**
I'd like this film processed.
*aïd laïc Ziss film pRôsèst*

**Papier mat/glacé.**
Matt/glossy prints.
*mat/glôci pRinnts*

**Pourrais-je les avoir dans une heure, s'il vous plaît?**
One-hour service, please.
*wan aoue se:viss pli:z*

**Où puis-je faire réparer ceci?**
Where can I get this mended?
*wèR kèn aï guèt Ziss mènndid*

**Pouvez-vous réparer ceci?**
Can you mend this?
*kèn you mènnd Ziss*

**Je voudrais faire nettoyer cette jupe/ce pantalon.**
I'd like this skirt/these trousers dry-cleaned.
*aïd laïc Ziss ske:Rt/Zi:z tRaouzez dRaïcli:nd*

**Quand sera-t-il/seront-ils prêts?**
When will it/they be ready?
*wèn wil it/Zé bi Rèdi*

**Quand le marché commence-t-il?**
When does the market open?
*wèn dez Ze mâRkit ôpenn*

**Quel est le prix au kilo?**
What's the price per kilo?
*ouats Ze pRaïs pe ki:lo*

**Pourriez-vous me l'écrire?**
Could you write that down?
*coud you Raït Zèt daoun*

**C'est trop! Je paie ...**
That's too much! I'll pay ...
*Zèts tou metch! aïl pé*

**Pourrais-je avoir une remise?**
Could I have a discount?
*coud aï Hèv e discaount*

**C'est bien. Je le prends.**
That's fine. I'll take it.
*Zèts faïn aïl ték it*

**Je voudrais un morceau de ce fromage.**
I'll have a piece of that cheese.
*aïl Hèv e pi:s ov Zèt tchi:z*

**Environ 250/500 grammes.**
About two hundred and fifty/five hundred grams.
*ebaout tou HènndRèd ènd fifti/faïv HènndRèd gRa:mz*

**Un kilo/une livre de pommes, s'il vous plaît.**
A kilo/half a kilo of apples, please.
*e ki:lo/Haf e ki:lo ov apols, pli:z*

**250 grammes de ce fromage, s'il vous plaît.**
Two hundred and fifty grams of that cheese, please.
*tou Hènndrèd ènd fifty gRamz ov Zat tchi:z pli:z*

**Puis-je goûter?**
May I taste it?
*mé aï té:st it*

**C'est très bon, je vais en prendre un peu.**
That's very nice, I'll take some.
*Zats vèRi naïs, aïl ték som*

**Ce n'est pas ce que je voulais.**
It isn't what I wanted.
*it izennt ouat aï wanntid*

**J'aimerais échanger cet article.**
I'd like to exchange this.
*aïd laïc tou èxtchénj Ziss*

**Cet article est défectueux.**
This is faulty.
*Ziss iz fôlti*

**Pouvez-vous me rembourser?**
Can I have a refund?
*kèn aï Hèv e Rifennd*

**Je ne fais que regarder.**
I'm just looking.
*aïm dgest loukinng*

**Je reviendrai plus tard.**
I'll come back later.
*aïl com bak léteR*

---

### CE QUE VOUS VERREZ OU ENTENDREZ

| | |
|---|---|
| **antiques** | antiquaire |
| **bakery** | boulangerie-pâtisserie |
| **bookshop** | librairie |
| **butcher** | boucherie-charcuterie |
| **cash point** | caisse |
| **chemist** | pharmacie |
| **children's wear** | vêtements enfants |
| **crafts** | artisanat |
| **delicatessen** | épicerie fine |
| **department** | rayon |
| **department store** | grand magasin |
| **DIY** | bricolage |
| **do-it-yourself** | bricolage |
| **dry cleaner** | nettoyage à sec |
| **fabrics** | tissus |

| | |
|---|---|
| fishmonger | poissonnerie |
| fitting room | salon d'essayage |
| frozen food | surgelés |
| furniture | ameublement |
| greengrocer | primeurs |
| grocery | épicerie |
| healthfood shop | magasin de produits naturels |
| hosiery | bonneterie, chaussettes et collants |
| household goods | arts ménagers |
| jeweller | bijouterie |
| knitwear | tricots |
| ladies' fashions | vêtements dames |
| luggage | articles de voyage |
| menswear | vêtements messieurs |
| newsagent | tabac-journaux |
| off-licence | débit de boissons |
| price | prix |
| records | disques |
| refund | remboursement |
| sale | soldes |
| second hand | d'occasion |
| shoe shop | chaussures |
| size | taille |
| stationer | papeterie |
| supermarket | supermarché |
| till | caisse |
| toys | jouets |
| travel agent | agence de voyages |

---

### *RÉPONSES PROBABLES*

**Can I help you?**
Vous désirez?

**I'm sorry, we haven't got any left.**
Je suis désolé, nous n'en avons plus.

**Would you like to try it on?**
Aimeriez-vous l'essayer?

**Will there be anything else?**
Et avec ça?

**Do you have the right money?**
Avez-vous de la monnaie?

**I'm afraid we do not take credit cards.**
Je suis désolé, nous n'acceptons pas les cartes de crédit.

### ■ *CHEZ LE COIFFEUR*

| | | |
|---|---|---|
| **barbe** | beard | *bi:Rd* |
| **baume après-shampoing** | conditioner | *kenndichenne* |
| **blond** | blond | *blonnd* |
| **bouclé** | curly | *keRli* |
| **brosse** | brush | *bRech* |
| **brushing** | blow-dry | *blô-dRaï* |
| **châtain** | brown | *bRaonn* |
| **cheveux** | hair | *HèR* |
| **coiffeur** | hairdresser | *HèRdRèsse* |
| **coiffeuse** | hairdesser | *HèRdRèsse* |
| **côté** | side | *saïd* |
| **coupe** | haircut | *Hèrket* |
| **couper** | cut | *ket* |
| **court** | short | *chôRt* |
| **derrière** | back | *bac* |
| **égaliser** | trim | *tRimm* |
| **en dégradé** | layered | *lée:d* |
| **foncé** | dark | *dâRk* |
| **frange** | fringe | *fRinnj* |
| **gel** | gel | *dgèl* |
| **gras** | greasy | *gRi:si* |

| | | |
|---|---|---|
| **gris** | grey | *gRé* |
| **henné** | henna | *Hèna* |
| **laque** | hair spray | *HèR spRé* |
| **long** | long | *lonng* |
| **manucure** | manicure | *manikiouR* |
| **mèches** | streaks | *stRi:ks* |
| **mini-vague** | demi-wave | *dèmiwév* |
| **mise en plis** | wash and set | *wach ènd sèt* |
| **mousse à raser** | shaving foam | *ché:vinng fôm* |
| **mousse coiffante** | styling mousse | *staïlinng mou:ss* |
| **moustache** | moustache | *moustach* |
| **noir** | black | *blac* |
| **ondulé** | wavy | *wévi* |
| **peigne** | comb | *côm* |
| **pellicules** | dandruff | *denndRef* |
| **permanente** | perm | *peuRm* |
| **raie** | parting | *pâRtinng* |
| **raie au milieu** | middle parting | *midel pâRtinng* |
| **raie de côté** | side parting | *saïd pâRtinng* |
| **raser** | shave | *chév* |
| **reflets** | highlights | *Haïlaïts* |
| **rendez-vous** | appointment | *epoïnntmennt* |
| **rincer** | rinse | *Rinns* |
| **roux** | red | *Rèd* |
| **salon de coiffure** | hairdressing salon | *HèRdRèssinng salon* |
| **sec** | dry | *dRaï* |
| **sèche-cheveux** | hair-dryer | *HèR dRaïe* |
| **shampoing** | shampoo | *châmmpou:* |
| **teindre** | dye | *daï* |

**Je voudrais prendre rendez-vous.**
I'd like to make an appointment.
*aïd laïc tou mé:k enn epoïnntmennt*

**Je voudrais seulement me les faire égaliser.**
Just a trim please.
*dgest e tRim pli:z*

Les Britanniques sont très sportifs et le paysage se prête naturellement à toute une gamme d'activités en plein air : pêche, voile, randonnée, cyclisme, alpinisme, équitation, golf et cricket, pour n'en citer que quelques-unes.

## ■ *VOCABULAIRE DE BASE*

| | | |
|---|---|---|
| **alpinisme** | mountaineering | *maountenni:Rinng* |
| **athlétisme** | athletics | *aTHlètics* |
| **aviron** | rowing | *Rôinng* |
| **badminton** | badminton | *badminntonn* |
| **balle** | ball | *bol* |
| **ballon** | ball | *bol* |
| **bâtons de ski** | skisticks | *ski stix* |
| **bicyclette** | bicycle | *baïcikel* |
| **bombe** *(équitation)* | riding hat | *Raïdinng Hèt* |
| **bouteilles d'oxygène** | oxygen bottles | *oxidgen botelz* |
| **bronzage** | sunbathing | *sennbéZinng* |
| **canne à pêche** | fishing rod | *fichinng Rod* |
| **canoë** | canoe | *kenou* |
| **carte** | map | *map* |
| **centre sportif** | sports centre | *spôRts sènnte* |
| **chaise longue** | deckchair | *dèktchèR* |
| **chasse** | hunting | *Henntinng* |
| **chaussures de ski** | ski boots | *ski bou:ts* |
| **cheval** | horse | *HôRs* |
| **costume de plongée** | wet suit | *wèt sou:t* |
| **courir** | run | *Renn* |
| **course** | race | *Ré:ss* |
| **court de tennis** | tennis court | *ténisscôRt* |
| **cricket** | cricket | *cRikèt* |
| **crosse de golf** | golf club | *golf cleb* |
| **cyclisme** | cycling | *saïclinng* |
| **deltaplane** | hang-gliding | *Hènngglaïdinng* |
| **équipe** | team | *ti:m* |
| **équitation** | riding | *Raïdinng* |
| **fart** | ski wax | *ski wax* |

| | | |
|---|---|---|
| **football** | football | *foutbôl* |
| **forfait skieur(s)** | ski pass | *ski pâss* |
| **golf** | golf | *golf* |
| **gymnastique** | gymnastics | *djimnastix* |
| **harpon** | harpoon | *HaRpou:n* |
| **hockey sur glace** | ice hockey | *aïss Hoki* |
| **jogging** | jogging | *djoguinng* |
| **jouer au golf** | play golf | *plé golf* |
| **lac** | lake | *lé:k* |
| **louer** | hire | *Haïe* |
| **lunettes de plongée** | goggles | *gogelz* |
| **magasin de sport** | sports shop | *spôRts chop* |
| **maillot de bain** *(m)* | swimming trunks | *swiminng trennx* |
| **maillot de bain** *(f)* | swimsuit | *swimsout* |
| **marée** | tide | *taïd* |
| **match** | match | *mâtch* |
| **match de football** | football match | *foutbol mâtch* |
| **mer** | sea | *si:* |
| **monter à cheval** | ride | *Raïd* |
| **nager** | swim | *swimm* |
| **neige** | snow | *snô* |
| **palmes** | flippers | *flipez* |
| **parachute ascensionnel** | parascending | *paRassènndinng* |
| **patin** | skate | *ské:t* |
| **patinage** | skating | *skétinng* |
| **patinoire** | ice-rink | *aïss Rinnk* |
| **pêche** | fishing | *fichinng* |
| **pêche sous-marine** | underwater fishing | *ennde wôte fichinng* |
| **pêcher** | go fishing | *gô fichinng* |
| **pédalo** | pedal boat | *pèdel bôt* |
| **piscine** | swimming pool | *swiminng pou:l* |
| **piste** | slope | *slôp* |
| **piste de ski** | ski trail | *ski tRél* |
| **plage** | beach | *bi:tch* |
| **planche à voile** | sailboard | *sél bôRd* |
| **planche de surf** | surfboard | *seRf bôRd* |
| **plongée** | diving | *daïvinng* |

| | | |
|---|---|---|
| **plongée sous-marine** | skin diving | *skin daïvinng* |
| **plongeoir** | diving board | *daïvinng bôRd* |
| **poney** | pony | *poni* |
| **randonnée** | rambling | *Rèmblinng* |
| **raquette** | racket | *Rakit* |
| **raquette de tennis** | tennis racket | *tènis Rakit* |
| **remonte-pente** | ski tow | *ski tô* |
| **rivière** | river | *Rive* |
| **rugby** | rugby | *Regbi* |
| **sable** | sand | *sènd* |
| **selle** | saddle | *sadel* |
| **ski** | skiing | *skiinng* |
| **ski de fond** | cross-country skiing | *cRosskonntRi skiinng* |
| **skier** | go skiing | *gô skiinng* |
| **ski nautique** | water-skiing | *wôte skiinng* |
| **skis nautiques** | water-skis | *wôte ski:z* |
| **sports d'hiver** | winter sports | *winnte spôrts* |
| **squash** | squash | *skwâch* |
| **stade** | stadium | *stédiem* |
| **stand de tir** | shooting range | *chou:tinng Rénnj* |
| **tennis** | tennis | *tènis* |
| **terrain de golf** | golf course | *golf côRs* |
| **toboggan** | toboggan | *tebôguenn* |
| **traîneau** | sledge | *slèdj* |
| **tuba** | snorkel | *snôRkel* |
| **varappe** | rock climbing | *Roc claïminng* |
| **vélo** | bicycle | *baïsikel* |
| **vent** | wind | *winnd* |
| **voile** | sailing | *sélinng* |
| **voilier** | sailing boat | *sélinng bôt* |
| **volley-ball** | volleyball | *volibol* |

**Peut-on faire des randonnées/de la voile ici?**
Is this a good place for hiking/sailing?
*iz Ziss e goud pléss fo Haïkinng/sélinng*

**Où se trouve la piscine/le court de tennis?**
Where is the swimming pool/tennis court?
*wèR iz Ze swiminng pou:l/tènis côRt*

**La pêche est-elle autorisée ici?**
Is fishing allowed here?
*iz fichinng elaod HiR*

**Faut-il un permis de pêche/chasse?**
Do I need a fishing licence/hunting permit?
*dou aï ni:d e fichinng laïssenns/Henntinng peRmit*

**Où puis-je louer ... ?**
Where can I hire ... ?
*wèR kèn aï Haïe*

**Quel est le prix pour une journée/semaine?**
How much does it cost for a day/week?
*Hao metch dez it cost fo e dé/wi:k*

**Peut-on nager ici ?**
Is it safe to swim here?
*iz it séf tou swimm HiR*

**L'eau est-elle profonde/froide?**
Is the water deep/cold?
*iz Ze wôte di:p/côld*

**Quelles sont les prévisions météorologiques pour demain?**
What is the weather forecast for tomorrow?
*ouat iz Ze wèZe foRcâst fo toumoRô*

**Y a-t-il une piscine couverte/en plein air ici?**
Is there an indoor/outdoor pool here?
*iz ZèR en inndô/aoutdô pou:l Hi:R*

**Y a-t-il un terrain de golf dans le coin?**
Is there a golf course near here?
*iz ZèR e golf côRs ni:R HiR*

**Faut-il être membre?**
Do I have to be a member?
*dou aï Hèv tou bi e mèmbe*

**J'aimerais louer un vélo/des skis.**
I would like to hire a bike/some skis.
*aï woud laïc tou Haïe e baïk/som ski:z*

**J'aimerais prendre des leçons de ski nautique.**
I would like to take water-skiing lessons.
*aï woud laïc tou ték wôte skiinng lèssenns*

**Je n'ai jamais pratiqué ce sport.**
I haven't played this before.
*aï Hèvennt plai:d Ziss bifoR*

**Allons patiner/nager.**
Let's go skating/swimming.
*lèts gô skétinng/swiminng*

**Où en est le match?**
What's the score?
*ouats Ze scôR*

**Qui a gagné?**
Who won?
*Hou wonn*

---

*CE QUE VOUS VERREZ OU ENTENDREZ*

| | |
|---|---|
| **birdwatching** | ornithologie |
| **bowling green** | terrain de boules |
| **bridle path** | sentier |
| **buoy** | bouée |
| **cancelled** | annulé |
| **championship** | championnat |
| **changing rooms** | vestiaires |

| | |
|---|---|
| **cycle hire** | location de vélos |
| **cycleway** | piste cyclable |
| **facilities** | équipements |
| **for hire** | à louer |
| **golf course** | terrain de golf |
| **highland games** | jeux traditionnels écossais |
| **9/18 holes** | 9/18 trous |
| **horse riding** | équitation |
| **ice-rink** | patinoire |
| **lockers** | casiers |
| **members only** | réservé aux membres |
| **no bathing** | baignade interdite |
| **no fishing** | pêche interdite |
| **no trespassing** | entrée interdite |
| **please shower before entering the pool** | douche obligatoire |
| **pony trekking** | équitation |
| **private property** | propriété privée |
| **public footpath** | sentier public |
| **right of way** | droit de passage |
| **shinty** | hockey sur gazon (*celtique*) |
| **showers** | douches |
| **sports centre** | centre sportif |
| **trail** | piste |
| **trespassers will be procescuted** | défense d'entrer sous peine de poursuites |
| **warning** | attention |
| **waymarked walk** | sentier touristique |

Les bureaux de poste sont généralement ouverts de 9 h à 17 h 30 (fermeture à 12 h 30 le samedi et toute la journée le dimanche).

Certaines postes principales de grandes villes ouvrent à 8 h. La poste de Trafalgar Square à Londres est ouverte de 8 h à 18 h et le dimanche de 10 h à 17 h. Dans les régions rurales, l'épicerie du village sert en même temps de bureau de poste.

Les boîtes aux lettres sont peintes en rouge vif. Les timbres ne sont en vente que dans les bureaux de poste ou dans les distributeurs de la poste, également peints en rouge vif. Les postes et les télécommunications étant deux entreprises distinctes, il n'y a pas forcément de téléphone dans les bureaux de poste. Les télégrammes ("telemessages") s'envoient par téléphone; si vous êtes dans une cabine, il vous faudra introduire le montant nécessaire en monnaie.

Les banques sont ouvertes de 9 h 30 à 15 h 30 (parfois 16 h 30 le jeudi) et ne ferment généralement pas à midi. Elles sont fermées le samedi et le dimanche (quelques banques sont cependant ouvertes le samedi jusqu'à 12 h 30). À Londres et dans les grandes villes, on trouve des bureaux de change ouverts le week-end et tard le soir (notamment dans les aéroports et dans les gares principales). En Écosse et en Irlande, vous constaterez qu'il existe des billets de banque écossais et irlandais en plus de ceux qui sont émis par la Banque d'Angleterre.

## ■ *VOCABULAIRE DE BASE*

| | | |
|---|---|---|
| **adresse** | address | *edRèss* |
| **affranchir** | put a stamp on | *pout e stèmp onn* |
| **banque** | bank | *bènnk* |
| **billet de banque** | banknote | *bènnknôt* |
| **boîte à lettres** | postbox | *pôstbox* |
| **bureau de poste** | post office | *pôst ofiss* |
| **carte de crédit** | credit card | *cRèdit câRd* |
| **carte de banque** | banker's card | *bènnkeuz câRd* |
| **carte postale** | postcard | *pôst câRd* |
| **change** | change | *tchénj* |
| **changer** | change | *tchénj* |
| **chèque** | cheque | *tchèk* |
| **chèque de voyage** | traveller's cheque | *tRaveleuz tchèk* |

| | | |
|---|---|---|
| **chéquier** | checkbook | *tchèkbouc* |
| **code postal** | postcode | *pôstcôd* |
| **colis** | package | *pakidg* |
| **courrier** | mail | *mé:l* |
| **destinataire** | addressee | *edRèssi:* |
| **eurochèque** | Eurocheque | *yourotchèk* |
| **expéditeur** | sender | *sènde* |
| **exprès** | Swiftair | *swifteR* |
| **facteur** | postman | *pôstman* |
| **formulaire** | form | *fôRm* |
| **guichet** | counter | *caounteR* |
| **levée** | collection | *colèkchenn* |
| **lettre** | letter | *lète* |
| **livres sterling** | pounds | *paoundz* |
| **mandat postal** | money order | *moni oRde* |
| **par avion** | by air mail | *baï èR mél* |
| **poste restante** | poste restante | *postrèstant* |
| **recommandé** | registered | *Rèdgisted* |
| **retrait** | withdrawal | *wiTHdRôell* |
| **tarif normal** | first class | *fest clâss* |
| **tarif réduit** | second class | *sèkennd clâss* |
| **taux de change** | exchange rate | *èxtchénj Rét* |
| **télégramme** | telemessage | *télémèsidg* |
| **timbre** | stamp | *stèmp* |
| **virement** | transfer | *tRènsfeR* |

**Quel est le tarif pour une lettre à destination de la France/Belgique?**
How much is a letter to France/Belgium?
*Hao metch iz e lète tou fRè:ns/beljiem*

**Je voudrais trois timbres à 22 pence.**
I'd like three 22 pence stamps.
*aïd laïc THRi twèntitou pèns stèmps*

**Je voudrais envoyer ce colis à Bruxelles.**
I'd like to send this parcel to Brussels.
*aïd laïc tou sènd Ziss pâRsel tou bRessels*

**Combien de temps mettent les lettres pour la France?**
How long do letters to France take?
*Hao lonng dou lètez tou fRè:ns ték*

**Où est-ce que je peux poster ceci ?**
Where can I post this?
*wèR kèn aï pôst Ziss*

**Y a-t-il du courrier pour moi?**
Is there any mail for me?
*iz Zèr èni mé:l fo mi*

**Je voudrais envoyer cette lettre par avion.**
I'd like to send this letter by airmail.
*aïd laïc tou sènd Ziss lète baï èRmél*

**Je voudrais changer ... en livres.**
I'd like to change ... into pounds.
*aïd laïc tou tchénj ... inntou paoundz*

**Pouvez-vous me donner de l'argent contre ce chèque?**
Can you cash this cheque for me?
*kèn you câch Ziss tchèk fo mi*

**Acceptez-vous les chèques de voyage?**
Do you take traveller's cheques?
*dou you ték tRaveleuz tchèks*

### *CE QUE VOUS VERREZ OU ENTENDREZ*

| | |
|---|---|
| **adressee** | destinataire |
| **airmail** | par avion |
| **all other places** | autres destinations |
| **bank** | banque |
| **banker's card** | carte de banque |
| **banking hours** | heures d'ouverture de la banque |
| **cash** | argent liquide |
| **cashier** | caisse |
| **counter** | guichet |
| **credit card** | carte de crédit |
| **exchange rates** | taux de change |
| **first class** | tarif normal |
| **foreign** | devises étrangères |
| **letter** | lettre |
| **mail** | courrier |
| **next collection** | prochaine levée |
| **parcel** | colis |
| **postage** | tarif postal |
| **postal order** | mandat postal |
| **postcard** | carte postale |
| **postcode** | code postal |
| **post office** | bureau de poste |
| **pound** | livre |
| **registered** | recommandé |
| **second class** | tarif réduit |
| **sender** | expéditeur |
| **special delivery** | exprès |
| **stamp** | timbre |
| **sterling** | livre sterling |
| **Swiftair** | express |
| **telemessage** | télégramme |
| **teller** | caisse |
| **traveller's cheque** | chèque de voyage |

**Do you want to send it first or second class?**
Voulez-vous l'expédier en tarif normal ou réduit?

**Do you want to send it by airmail?**
Voulez-vous l'expédier par avion?

**Sorry, we do not change money.**
Désolé, nous ne faisons pas de change.

**I'm afraid we do not take traveller's cheques.**
Désolé, nous n'acceptons pas les chèques de voyage.

**Can I see your passport?**
Puis-je voir votre passeport?

En Grande-Bretagne, les postes et les télécommunications sont deux entreprises distinctes. Aussi ne trouverez-vous généralement pas de téléphone dans les bureaux de poste.

Les célèbres cabines téléphoniques peintes en rouge vif sont progressivement remplacées par des cabines en plexiglas. Dans les anciennes cabines, vous composez d'abord le numéro et n'introduisez la monnaie que lorsque vous obtenez la communication. Dans les nouvelles cabines, il faut introduire la monnaie avant de composer le numéro, comme dans les autres pays d'Europe. Les cabines téléphoniques sont souvent en dérangement.

Pour une communication locale, le tarif minimum est de 10 pence; toutes les cabines acceptent les pièces de 10 pence, certaines fonctionnent également avec des pièces de 2 et 5 pence et d'une livre. Vous trouverez de plus en plus fréquemment des cabines "phonecard" fonctionnant uniquement avec une carte magnétique que vous pourrez obtenir dans les kiosques voisins, dans les postes principales et dans les bureaux de British Telecom au prix de 1, 2, 4, 10 ou 20 livres : vous introduisez cette carte dans la fente et le montant de votre appel est automatiquement déduit. Vous pouvez vous servir de votre carte plusieurs fois, jusqu'à ce que votre crédit soit épuisé; c'est une bonne solution pour les appels internationaux.

Pour téléphoner à l'étranger, composez le 010 suivi du code du pays (33 pour la France, 32 pour la Belgique et 41 pour la Suisse) puis du code de la ville (sans le 0) et du numéro.

Il n'y a généralement pas d'annuaire du téléphone dans les cabines; le numéro des renseignements est le 192 (à Londres : 142 pour les appels locaux), celui des renseignements internationaux le 153.

En cas de difficultés, téléphonez à l'opérateur : 100. En cas d'urgence, composez le 999 (police, pompiers, ambulances).

Les Britanniques répondent souvent au téléphone en donnant leur numéro plutôt que leur nom. Ils ne regroupent pas les éléments des numéros de téléphone en paires : 36 59 57 sera lu "three-six-five-nine-five-seven" et non "thirty-six ...". Zéro se dit "ô".

■ *VOCABULAIRE DE BASE*

| | | |
|---|---|---|
| **annuaire** | phone book | *fôn bouk* |
| **appel** | call | *côl* |
| **appel international** | international call | *inntenachennel côl* |
| **appeler** | call | *côl* |
| **cabine téléphonique** | phone box | *fôn box* |
| **carte de téléphone** | phonecard | *fôncâRd* |
| **composer** | dial | *daïel* |
| **en dérangement** | out of order | *aout ov ôde* |
| **faux numéro** | wrong number | *Rônng nemmbe* |
| **indicatif** | dialling code | *daïelinng cô:d* |
| **numéro** | number | *nemmbe* |
| **occupé** | engaged | *enngédjd* |
| **opérateur** | operator | *opeRéte* |
| **PCV** | reverse charge call | *Riveus tchaRdj côl* |
| **poste** | extension | *èxtènnchenn* |
| **renseignements** | enquiries | *innkwaïRi:z* |
| **récepteur** | receiver | *Risi:ve* |
| **téléphone** | phone | *fôn* |
| **téléphone à carte** | cardphone | *câRdfôn* |
| **téléphone public** | payphone | *pé:fôn* |
| **téléphoner** | phone | *fôn* |
| **urgence** | emergency | *imeRdjennsi* |

**J'aimerais téléphoner.**
I'd like to make a phone call.
*aïd laïc tou mék e fôn côl*

**Je voudrais téléphoner en France.**
I'd like to phone France.
*aïd laïc tou fôn Frè:ns*

**Où se trouve la cabine téléphonique la plus proche?**
Where is the nearest phone box?
*wèR iz Ze ni:Rest fôn box*

**Avez-vous un annuaire téléphonique?**
Have you got a phone book?
*Hèv you got e fôn bouk*

**Est-ce qu'il est possible d'appeler à l'étranger d'ici?**
Can I call abroad from here?
*kèn aï côl ebRôd fRom Hir*

**J'aimerais appeler en PCV.**
I would like to reverse the charges.
*aï woud laïc tou Rive:s Ze tchaRdjs*

**J'aimerais appeler Paris/Bruxelles.**
I would like a number in Paris/Brussels.
*aï woud laïc e nemmbe inn pèRiss/bRessels*

**Pouvez-vous me donner une ligne extérieure?**
Can you give me an outside line?
*kèn you giv mi enn aoutsaïd laïn*

**Comment dois-je faire pour obtenir une ligne extérieure?**
How do I get an outside line?
*Hao dou aï guèt enn aoutsaïd laïn*

**Quel est le prix d'une conversation téléphonique avec la France?**
How much does a call to France cost?
*Hao metch dez e côl tou FRè:ns cost*

**Je voudrais appeler Paris en PCV.**
I'd like to make a reverse charge call to Paris.
*aïd laïc tou mék e Rive:s tchaRdj côl tou pèRiss*

**Le téléphone ne fonctionne pas.**
The phone is out of order.
*ze fôn iz aout ov ôde*

**Poste 34, s'il vous plaît.**
Extension 34, please.
*èxtènnchenn THeRti fô pli:z*

**Allô! Ici Dupont.**
Hello, this is Dupont speaking.
*Hèlô Ziss iz dupont spi:kinng*

**Je voudrais parler à Mme Brown.**
I'd like to speak to Mrs. Brown.
*aïd laïc tou spi:k tou missiz bRaon*

**Pourriez-vous lui dire que Rémi a téléphoné?**
Could you tell him Rémi called?
*coud you tèl Him rémi côld*

**Pourriez-vous lui demander de me rappeler?**
Ask him *(masc.)*/ her *(fém.)* to call me back please.
*ask Him/HeR tou côl mi bac pli:z*

**Savez-vous où il/elle se trouve?**
Do you know where he/she is?
*dou you nô wèR Hi:/chi iz*

**Je rappellerai plus tard.**
I'll try again later.
*aïl tRaï egèn léte*

**Quand sera-t-elle de retour?**
When will she be back?
*wèn wil chi bi bac*

**Est-ce que je peux laisser un message?**
Can I leave a message?
*kèn aï li:v a mèssedj*

**Voici mon numéro ...**
My number is ...
*maï nemmbe iz ...*

**Excusez-moi, je me suis trompé de numéro.**
Sorry, I've got the wrong number.
*soRi, aïv gott Ze Rônng nemmbe*

---

### CE QUE VOUS VERREZ

| | |
|---|---|
| **999 calls only** | appels à police secours uniquement |
| **dial number** | composez le numéro |
| **directory** | annuaire |
| **emergencies** | urgences |
| **engaged** | occupé |
| **enquiries** | renseignements |
| **follow on call button** | appuyez ici si vous voulez appeler un second numéro avec votre monnaie |
| **insert money** | introduisez la monnaie |
| **lift handset** | décrochez |
| **listen for dialling tone** | attendez la tonalité |
| **no change is given** | l'appareil ne rend pas la monnaie |
| **out of order** | en dérangement |
| **payphone** | téléphone public |
| **replace handset** | raccrochez |
| **STD code** | indicatif |

---

### RÉPONSES PROBABLES

**Hold on/Hang on.**
Ne quittez pas.

**Who's calling?**
Qui est à l'appareil?

**Who would you like to speak to?**
À qui désirez-vous parler?

**Speaking.**
Lui/elle-même.

**He's out.**
Il est sorti.

**She'll be back at 3 o'clock.**
Elle sera de retour à 3 heures.

**Can I take a message?**
Voulez-vous laisser un message?

**You've got the wrong number.**
Vous vous êtes trompé de numéro.

■ *DISTANCES*

En Grande-Bretagne, les distances sont exprimées en miles. Un mile équivaut à 1,609 km (1 km = 0,62 mile). Pour convertir les miles en kilomètres, divisez par 5 et multipliez par 8. Pour convertir les kilomètres en miles, divisez par 8 et multipliez par 5.

| miles | km ou miles | km |
|---:|:---:|---:|
| 0,62 | 1 | 1,61 |
| 1,24 | 2 | 3,22 |
| 1,86 | 3 | 4,83 |
| 2,48 | 4 | 6,44 |
| 3,11 | 5 | 8,05 |
| 3,73 | 6 | 9,66 |
| 4,35 | 7 | 11,27 |
| 4,97 | 8 | 12,88 |
| 5,59 | 9 | 14,49 |
| 6,21 | 10 | 16,10 |
| 12,43 | 20 | 32,20 |
| 18,64 | 30 | 48,28 |
| 24,85 | 40 | 64,37 |
| 31,07 | 50 | 80,47 |
| 62,14 | 100 | 160,93 |
| 124,30 | 200 | 321,90 |
| 310,70 | 500 | 804,70 |
| 621,37 | 1000 | 1609,34 |

Autres unités de longueur:

1 pouce = 2,54 cm          1 centimètre = 0,39 pouces
1 pied = 30,48 cm          1 mètre = 39,37 pouces
1 yard = 0,91 cm           10 mètres = 32,81 pieds

Le pouce ("inch") s'abrège ", le pied ("foot") s'abrège '.

■ *POIDS*

L'unité que vous rencontrerez le plus souvent est la livre ("pound", abrégé lb), qui équivaut à 0,45 kg (1 kg = 2,2 livres). Pour les petites quantités, on emploie l'once ("ounce"), qui vaut 28 grammes.

| onces | grammes | grammes | onces |
|-------|---------|---------|-------|
| 1 | 28,3 | 50 | 1,76 |
| 2 | 56,7 | 100 | 3,53 |
| 4 | 113,4 | 250 | 8,81 |
| 8 | 226,8 | 500 | 17,63 |

| livres | kg ou livres | kg |
|--------|--------------|------|
| 2,20 | 1 | 0,45 |
| 4,41 | 2 | 0,91 |
| 6,61 | 3 | 1,36 |
| 8,82 | 4 | 1,81 |
| 11,02 | 5 | 2,27 |
| 13,23 | 6 | 2,72 |
| 15,43 | 7 | 3,17 |
| 17,64 | 8 | 3,63 |
| 19,84 | 9 | 4,08 |
| 22,04 | 10 | 4,53 |
| 44,09 | 20 | 9,07 |
| 55,11 | 25 | 11,34 |
| 110,23 | 50 | 22,68 |
| 220,46 | 100 | 45,36 |

## ■ LIQUIDES

Les liquides se mesurent en pintes (1 pinte équivaut à 0,57 litre, 1 litre à 1,76 pinte). Cette unité est utilisée pour le lait (vendu également en 2 pintes = 1,14 litre), et pour la bière (vendue également en "half-pints" (demi-pintes) = 0,29 litre). Par contre les jus de fruits et le vin se vendent généralement en litres.

L'essence se vend en litres ou en gallons. Un gallon vaut 4,54 litres.

| gallons | litres ou gallons | litres |
|---|---|---|
| 0,22 | 1 | 4,54 |
| 0,44 | 2 | 9,10 |
| 0,66 | 3 | 13,64 |
| 0,88 | 4 | 18,18 |
| 1,10 | 5 | 22,73 |
| 1,32 | 6 | 27,27 |
| 1,54 | 7 | 31,82 |
| 1,76 | 8 | 36,37 |
| 1,98 | 9 | 40,91 |
| 2,20 | 10 | 45,46 |
| 4,40 | 20 | 90,92 |
| 6,60 | 30 | 136,38 |
| 8,80 | 40 | 181,84 |
| 11,00 | 50 | 227,30 |

## ■ PRESSION DE GONFLAGE

S'exprime en livres par pouce carré (lb/sq. in.) :

| $kg/cm^2$ | 1,1 | 1,3 | 1,4 | 1,5 | 1,7 |
|---|---|---|---|---|---|
| lb/sq. in. | 15 | 18 | 20 | 22 | 24 |
| $kg/cm^2$ | 1,8 | 2,0 | 2,1 | 2,3 | 2,5 |
| lb/sq. in. | 26 | 28 | 30 | 33 | 35 |

## ■ *VOCABULAIRE DE BASE*

| | | |
|---|---|---|
| **accident** | crash | *cRach* |
| **agresser** | assault | *esô:lt* |
| **avoir un accident** | crash | *cRach* |
| **blessé** | injured | *inndjed* |
| **cambriolage** | burglary | *beRgleRi* |
| **cambrioleur** | burglar | *beRgleR* |
| **feu** | fire | *faïe* |
| **incendie** | fire | *faïe* |
| **inondation** | flood | *flod* |
| **panne** | breakdown | *bRékdaoun* |
| **perdre** | lose | *louz* |
| **police** | police | *peli:s* |
| **pompiers** | fire brigade | *faïe bRigé:d* |
| **poste de police** | police station | *peli:s stéchenn* |
| **remorquer** | tow | *tô* |
| **service des urgences** | casualty department | *kajwolti dipâtmennt* |
| **tomber en panne** | break down | *bRék daoun* |
| **urgence** | emergency | *immedjennsi* |
| **vol** | theft | *THèft* |
| **voler** | steal, rob | *sti:l, Rob* |
| **voleur** | thief | *THi:f* |
| **voleur à la tire** | pickpocket | *pikpôkit* |

**Au secours!**
Help!
*Hèlp*

**Attention!**
Look out!
*louk aout*

**Arrêtez!**
Stop!
*stop*

# URGENCES

**C'est urgent/une urgence!**
This is an emergency!
*Ziss iz enn immedjennsi*

**Appelez une ambulance!**
Get an ambulance!
*guèt enn èmbioulenns*

**Dépêchez-vous!**
Hurry up!
*HeRi ep*

**Envoyez une ambulance à ... s'il vous plaît.**
Please send an ambulance to ...
*pli:z sènd enn èmbioulenns tou*

**Merci de venir à ...**
Please come to ...
*pli:z com tou*

**Mon adresse est ...**
My address is ...
*maï edRèss iz*

**Nous avons été cambriolés.**
We've had a break-in.
*wi'v Hèd e bRék inn*

**Il y a un incendie à ...**
There is a fire at ...
*ZèR iz e faïe èt*

**Il y a un blessé.**
Someone's been injured.
*sommwonnz bi:n inndjed*

**Quelqu'un s'est fait renverser.**
Someone's been knocked down.
*sommwonnz bi:n nokt daoun*

**Il s'est évanoui.**
He's passed out.
*His pâst aout*

**On m'a volé mon passeport/ma voiture.**
My passport/car has been stolen.
*maï pâsspôRt /kaR Hèz bi:n stôlenn*

**J'ai perdu mes chèques de voyage.**
I've lost my traveller's cheques.
*aïv lost maï tRavleRz tchèks*

**Je voudrais signaler le vol de ma carte de crédit.**
I'd like to report a stolen credit card.
*aïd laïc tou RipôRt e stôlenn cRèdit cârd*

**On me l'a volé(e) dans ma chambre.**
It was stolen from my room.
*it woz stôlenn fRom maï Roum*

**Je l'ai perdu(e) dans le parc/à la gare.**
I lost it in the park/at the station.
*aï lost it inn Ze pâRk/èt Ze stéchenn*

**Mes bagages ont disparu.**
My luggage has gone missing.
*maï leguidj Hèz gonn missinng*

**A-t-on déjà retrouvé mes bagages?**
Has my luggage been found yet?
*Hèz maï leguidj bi:n faound ièt*

**J'ai eu un accident de voiture.**
I've crashed my car/had a crash.
*aïv cRacht maï câR/ Hèd e cRach*

**On est entré par effraction dans ma voiture.**
My car's been broken into.
*maï câR Hèz bi:n bRôkenn inntou*

**Le numéro d'immatriculation est ...**
My registration number is ...
*maï RèdjestRéchenn nemmbe iz*

**Je me suis fait agresser.**
I've been mugged.
*aïv bi:n megd*

**Mon fils a disparu.**
My son's missing.
*maï sonnz missinng*

**Il est blond/brun.**
He has fair/brown hair.
*Hi Hèz fèR/bRaoun HèR*

**Il a ... ans.**
He's ... years old.
*Hiz ... yiRz ôld*

**Les clés sont restées à l'intérieur.**
I've locked myself out.
*aïv lokt maïsèlf aout*

**Il se noie!**
He's drowning!
*Hiz dRaouninng*

**Il/elle ne sait pas nager!**
He/she can't swim!
*Hi:/chi: kannt swimm*

Avant votre départ, rendez-vous auprès de votre caisse d'assurances maladie; renseignez-vous afin d'être certain que vous êtes couvert pour les frais de soins, au cas où vous devriez consulter un médecin durant votre séjour. Il est également possible de souscrire une assurance complémentaire pour la durée du voyage.

### ■ VOCABULAIRE DE BASE

| | | |
|---|---|---|
| **accident** | accident | a̲xidennt |
| **allergique à** | allergic to | eleR̲dgik tou |
| **ambulance** | ambulance | è̲mbioulenns |
| **ampoule** (sur la peau) | blister | bli̲ste |
| **amygdales** | tonsils | to̲nnsilz |
| **analgésique** | pain killer | pénkile |
| **anémique** | anaemic | ani:mik |
| **anesthésie** | anaesthetic | anèsté̲tik |
| **angine** | throat infection | THRôt innfèkchenn |
| **angine de poitrine** | angina | èndja̲ïne |
| **antibiotique** | antibiotics | èntiba̲ïotix |
| **appendicite** | appendicitis | epèndissa̲ïtiss |
| **arthrite** | arthritis | ârTHRa̲ïtiss |
| **aspirine** | aspirin | a̲spRinn |
| **asthme** | asthma | a̲sme |
| **attaque** | heart attack | Hâ̲Rt etak |
| **avortement** | abortion | ebô̲Rchenn |
| **brûlure** | burn | beRn |
| **cancer** | cancer | kè̲nseR |
| **carie** | caries | kè̲ri:z |
| **cassé** | broken | bRô̲kenn |
| **cœur** | heart | Hârt |
| **commotion cérébrale** | concussion | connke̲chenn |
| **constipé** | constipated | co̲nnstipétid |
| **contraception** | contraception | conntResè̲pchenn |
| **coqueluche** | whooping cough | Houpinng cof |
| **cor au pied** | corn | côRn |
| **coton hydrophile** | cotton wool | co̲tenn wou:l |

| | | |
|---|---|---|
| **coup de soleil** | sunburn | *senn beRn* |
| **coupure** | cut | *ket* |
| **crise cardiaque** | heart attack | *Hârt etak* |
| **crise de foie** | upset stomach | *epsèt stomek* |
| **cystite** | cystitis | *sistaïtiss* |
| **démangeaisons** | itch | *itch* |
| **dent** | tooth | *touTH* |
| **dents** | teeth | *ti:TH* |
| **dent de sagesse** | wisdom tooth | *wizdemm touTH* |
| **dentier** | dentures | *dèntchez* |
| **dentiste** | dentist | *dèntist* |
| **diabétique** | diabetic | *daïebètik* |
| **diaphragme** | cap | *cap* |
| **diarrhée** | diarrhoea | *daïeRia* |
| **docteur** | doctor | *docteR* |
| **douleur** | pain | *pé:n* |
| **égratignure** | scratch | *scRatch* |
| **enceinte** | pregnant | *pRègnennt* |
| **entorse** | sprain | *spRé:n* |
| **éruption** | rash | *Rach* |
| **estomac** | stomach | *stomek* |
| **fausse couche** | miscarriage | *misscaRidg* |
| **fièvre** | fever | *fi:veR* |
| **foie** | liver | *liveR* |
| **fracture** | fracture | *fRaktcheR* |
| **gorge** | throat | *THRôt* |
| **grippe** | flu | *flou:* |
| **groupe sanguin** | blood group | *blod gRrou:p* |
| **hôpital** | hospital | *Hospitol* |
| **indigestion** | indigestion | *inndidgèstchenn* |
| **infirmière** | nurse | *neRs* |
| **insolation** | sun stroke | *senn stRôk* |
| **laxatif** | laxative | *laxetiv* |
| **lentilles de contact** | contact lenses | *conntact lènsiz* |
| **lunettes** | glasses | *glâssiz* |
| **malade** | ill | *il* |
| **maladie** | disease | *dizi:z* |

| maladie sexuellement transmissible | sexually transmitted disease | *sèkchoueli tRennsmitid dizi:z* |
| maladie vénérienne | VD | *vi:di:* |
| mal à la gorge | sore throat | *sôR THRôt* |
| mal au dos | backache | *bak ék* |
| mal aux oreilles | earache | *iR ék* |
| mal de dents | toothache | *touTH ék* |
| mal de mer | seasckness | *si:siknèss* |
| mal des transports | travel sickness | *tRavel siknèss* |
| maux de tête | headache | *Hèd ék* |
| médecin | doctor | *docteR* |
| migraine | migraine | *maïgRén* |
| morsure | bite | *baït* |
| MST | STD | *èss ti: di:* |
| nausée | nausea | *nozie* |
| opération | operation | *opeRéchenn* |
| opticien | optician | *optichenn* |
| ordonnance | prescription | *pRèscRipchenn* |
| oreillons | mumps | *memmps* |
| pansement | bandage | *bènndidj* |
| pansement adhésif | plaster | *plâste* |
| pharmacie | chemist | *kémist* |
| pilule | pill | *pil* |
| piqûre | injection | *inndgèkchenn* |
| piqûre d'insecte | insect bite | *innsèct baït* |
| plombage | filling | *filinng* |
| pneumonie | pneumonia | *nioumônie* |
| poitrine | chest | *tchèst* |
| poumons | lungs | *lennggz* |
| premiers soins | first aid | *fe:st éd* |
| préservatif | Durex | *diouRèx* |
| radiographie | X-ray | *èx Ré* |
| règles | period | *piRied* |
| rein | kidney | *kidni* |
| rhumatismes | rheumatism | *Roumatizemm* |
| rhume | cold | *côld* |
| rhume des foins | hay fever | *Hé fi:veR* |
| rougeole | measles | *mi:zelz* |

| | | |
|---|---|---|
| **rubéole** | German measles | *dgeRmenn mizelz* |
| **saignement** | bleeding | *bli:dinng* |
| **sang** | blood | *blod* |
| **serviette hygiénique** | sanitary towel | *saniteRi tawel* |
| **SIDA** | AIDS | *édz* |
| **somnifère** | sleeping tablet | *sli:pinng tablit* |
| **spécialiste** | specialist | *spèchelist* |
| **stérilet** | IUD | *aï iou: di:* |
| **tampon** | tampon | *tèmpenn* |
| **température** | temperature | *tèmpRretche* |
| **toux** | cough | *cof* |
| **ulcère** | ulcer | *elseR* |
| **vaccin** | vaccination | *vaxiné:chenn* |
| **varicelle** | chicken pox | *tchikenn pox* |
| **varices** | varicose veins | *vaRicôz vé:nz* |
| **verrue** | wart | *wôRt* |
| **vertige** | dizziness | *dizinèss* |
| **vessie** | bladder | *blade* |
| **vomir** | vomit | *vomit* |

**J'ai mal ici.**
I have a pain here.
*aï Hèv e pé:n HiR*

**Je ne me sens pas bien.**
I don't feel well.
*aï dônt fi:l wèl*

**J'ai envie de vomir.**
I feel sick.
*aï fi:l sik*

**J'ai la tête qui tourne.**
I feel dizzy.
*aï fi:l dizi*

# SOINS MÉDICAUX

**C'est une douleur aiguë/sourde.**
It's a sharp/dull pain.
*its e shâRp/del pé:n*

**Est-ce que c'est grave?**
Is it serious?
*iz it siRiess*

**J'ai besoin d'une ordonnance pour ...**
I need a prescription for ...
*aï ni:d e pRèscRipchenn fo*

**D'habitude, je prends du ...**
I normally take ...
*aï nôRmeli ték*

**Je suis allergique à ...**
I'm allergic to ...
*aïm aleRdgik tou*

**Avez-vous quelque chose contre ... ?**
Have you got anything for ... ?
*Hèv you got éniTHinng fo*

**Me faut-il une ordonnance pour ... ?**
Do I need a prescription for ... ?
*dou aï ni:d e pRèscRipchenn fo*

---

### *CE QUE VOUS VERREZ OU ENTENDREZ*

| | |
|---|---|
| **angina** | angine de poitrine |
| **blood group** | groupe sanguin |
| **blood pressure** | tension artérielle |
| **broken** | cassé |
| **casualties** | urgences |
| **chemist** | pharmacie |
| **chicken pox** | varicelle |

| | |
|---|---|
| **cold** | rhume |
| **cough** | tousser |
| **dentist's surgery** | cabinet dentaire |
| **disease** | maladie |
| **flu** | grippe |
| **german measles** | rubéole |
| **GP** | généraliste |
| **heart attack** | crise cardiaque |
| **hospital** | hôpital |
| **hurt** | faire mal |
| **injection** | piqûre |
| **measles** | rougeole |
| **mumps** | oreillons |
| **nurse** | infirmière |
| **pain killer** | analgésique |
| **painful** | douloureux |
| **pregnant** | enceinte |
| **prescription** | ordonnance |
| **sprained** | foulé |
| **surgery** | cabinet médical |
| **throat infection** | angine |
| **to be taken three times a day/before meals** | à prendre trois fois par jour/ avant les repas |
| **tooth** | dent |
| **VD** | maladie vénérienne |
| **ward** | salle |
| **X-ray** | radiographie |

---

*RÉPONSES PROBABLES*

**I think you should see a doctor.**
À mon avis, vous devriez consulter un médecin.

**What's the trouble?**
De quoi souffrez-vous?

**Where does it hurt?**
Où avez-vous mal?

**Slip your shirt/blouse off.**
Pouvez-vous enlever votre chemise/chemisier?

**What do you normally take?**
Que prenez-vous d'habitude?

**You need a prescription for that.**
Ce produit est vendu uniquement sur ordonnance.

**You can't get that here.**
Ce produit n'est pas vendu en Grande-Bretagne.

**à: à Bordeaux** in Bordeaux
   **je vais à Paris** I'm going to Paris
   **à 3 heures** at 3 o'clock
   **à demain!** see you tomorrow!
**accélérateur** accelerator
**accent** accent
**accepter** accept
**accident** accident
**adaptateur** adaptor
**addition** bill
**adresse** address
**adulte** adult
**aéroport** airport
**affaires** business
**affreux** awful
**africain** African
**Afrique** Africa
**after-shave** aftershave
**âge** age
   **quel âge avez-vous?** how old
   are you?
**agence de voyages** travel agent's
**agenda** diary
**agent de police** policeman
**agneau** lamb
**agrandissement** enlargement
**aider** help
**aiguille** needle
**ail** garlic
**aile** wing
**ailleurs** elsewhere
**aimable** kind
**aimer** like
**aimer** *(d'amour)* love
   **j'aimerais** I would like
**air** air
**alcool** alcohol
**aller** *(mouvement)* go
   **allez-vous-en!** go away!
   **s'en aller** go away

**aller** *(convenir)* suit
   **comment ça va?** how are
   things?
   **elle va bien/mal** she is well/not
   well
**aller** *(billet)* single ticket
**aller retour** return ticket
**allumage** ignition
**allumer** switch on
**allumer** *(feu)* light
**allumette** match
**ambassade** embassy
**ambulance** ambulance
**amer** bitter
**américain** American
**Amérique** America
**ami(e)** friend
   **petit ami** boyfriend
   **petite amie** girlfriend
**ampoule** *(électrique)* bulb
   *(au pied)* blister
**an** year
   **j'ai 25 ans** I am 25 years old
**anglais** English
**Anglais** Englishman
   **les Anglais** English people
**Anglaise** Englishwoman
**Angleterre** England
**animal** animal
**année** year
**anniversaire** birthday
   **bon anniversaire!** happy
   birthday!
**annuaire téléphonique** phone
   book
**antibiotique** antibiotic
**anti-insecte : crème anti-**
   **insecte** insect repellent
**antiquaire** antique shop
**appareil** device

**appareil photo** camera
**appartement** flat
**appeler** call
   **je m'appelle Gustave** my
   name is Gustave
**appétit** appetite
   **bon appétit !** enjoy your meal!
**apporter** bring
**apprendre** learn
**après** after
**après-midi** afternoon
**araignée** spider
**arbre** tree
**arc-en-ciel** rainbow
**arête** fishbone
**argent** *(pour payer)* money
   *(métal)* silver
**armoire** cupboard
**arrêt** stop
**(s') arrêter** stop
   **arrêtez!** stop!
**arrière** back
   **roue/siège arrière** back
   wheel/seat
**arrivée** arrival
**arriver** arrive
   **arriver à faire** manage to do
**art** art
**artiste** artist
**ascenseur** lift
**asiatique** Asian
**Asie** Asia
**aspirateur** vacuum cleaner
**aspirine** aspirin
**asseoir : s'asseoir** sit down
**assez** *(suffisamment)* enough
   *(plutôt)* quite
   **assez de ...** enough ...
**assiette** plate
**assurance** insurance

**astucieux** clever
**attendre** wait
   **attendez-moi!** wait for me!
**attention!** look out!
   **faites attention!** be careful!
**atterrissage** landing
**attraper** catch
**au-dessous de** below
**au-dessus de** over
**aujourd'hui** today
**au revoir** goodbye
**aussi** also
   **moi/vous aussi** me/you too
   **aussi ... que ...** as ... as ...
**autobus** bus
**automatique** automatic
**automne** autumn
**automobile** car
**autoroute** motorway
**auto-stop** hitchhiking
   **faire de l'auto-stop**
   hitchhike
**autour de** around
**autre** other
   **un autre hôtel** another hotel
   **autre chose** something else
**avant** before
   **roue/siège avant** front wheel/
   seat
   **avant que** before
**avec** with
**aveugle** blind
**avion** plane
**avoir** have
   **j'ai** I have
   **j'ai faim/froid** I am hungry/cold
   **tu as** you have
   **il/elle a** he/she has
   **nous avons** we have
   **vous avez** you have

**avez-vous ...?** have you got ...?
**ils/elles ont** they have

**bac** (*bateau*) ferry
**bagages** luggage
**bague** ring
**baigner : se baigner** go swimming
**baignoire** bath
**bain** bath
**bain de soleil** sunbathing
**balcon** balcony
**balle** ball
**ballon** ball
**banane** banana
**banlieue** suburbs
**banque** bank
**bar** bar
**barbe** beard
**bas** (*pas haut*) low
   **en bas** (*dans maison*)
   downstairs
**bas** (*vêtement*) stockings
**bateau** boat
**bateau à moteur** motorboat
**bateau à rames** rowing boat
**bateau à voile** sailing boat
**bâtiment** building
**batterie** (*auto*) battery
**baume après-shampoing**
   conditioner
**beau** beautiful
   **il fait beau** it's a nice day
**beaucoup (de)** a lot (of)
**bébé** baby
**belge** Belgian
**Belgique** Belgium
**besoin : j'ai besoin de** I need
**beurre** butter
**bibliothèque** library
**bicyclette** bicycle

**bien** (*adverbe*) well
**bien sûr** of course
**bientôt** soon
**bienvenue** welcome
**bière** beer
**bifteck** steak
**bijouterie** jeweller's
**bikini** bikini
**billet** ticket
**billet de banque** banknote
**biscuit** biscuit
**blanc** white
**blessé** injured
**blessure** wound
**bleu** (*couleur*) blue
   (*steak*) rare
   (*sur la peau*) bruise
**bloc-notes** notepad
**bœuf** (*animal*) bull
   (*viande*) beef
**boire** drink
**bois** wood
**boisson** drink
**boîte** (*en carton*) box
   (*de conserve*) can
**boîte à lettres** letter box
**boîte de nuit** nightclub
**bol** bowl
**bon** good
**bonbon** sweet
**bonde** plug
**bondé** crowded
**bonjour** hello
**bon marché** cheap
**bonnet** hat
**bonnet de bain** bathing cap
**botte** (*chaussure*) boot
**bottes de caoutchouc**
   wellingtons
**bouche** mouth

**bouché** *(obstrué)* blocked
**boucherie** butcher's
**boucles d'oreilles** earrings
**bouger** move
**bougie** *(en cire)* candle
   *(auto)* spark plug
**bouillir** boil
**bouillotte** hot-water bottle
**boulangerie** baker's
**bouteille** bottle
**boutique hors taxes** duty-free
   shop
**bouton** *(de vêtement)* button
   *(sur la peau)* spot
**bracelet** bracelet
**bras** arm
**briquet** lighter
**britannique** British
**broche** brooch
**bronzage** suntan
**bronzer** tan
   **se faire bronzer** sunbathe
**brosse** brush
**brosse à dents** toothbrush
**brouillard** fog
**brûler** burn
**brun** brown
**bruyant** noisy
**bureau** office

**ça** that
**cabine** *(bateau)* cabin
**cabine téléphonique** phone box
**cadeau** present
**cafard** *(insecte)* cockroach
**café** *(boisson)* coffee
   *(bistrot)* café
**café crème** white coffee
**caisse** cashdesk
**calculette** calculator

**camion** lorry
**campagne** countryside
**camping** *(activité)* camping
   *(terrain)* camp site
**Canada** Canada
**canadien** Canadian
**canal** canal
**canard** duck
**canif** penknife
**caoutchouc** rubber
**car** *(bus)* coach
**car** *(parce que)* because
**caravane** caravan
**cardigan** cardigan
**carnet de chèques** chequebook
**carotte** carrot
**carte** *(à jouer)* card
   *(au restaurant)* menu
   *(géographique)* map
**carte de banque** cheque card
**carte de crédit** credit card
**carte de visite** card
**carte des vins** wine list
**carte d'identité** identity card
**carte postale** postcard
**carton** *(matière)* cardboard
   *(boîte)* box
**casquette** cap
**cassé** broken
**casser** break
**casserole** saucepan
**cassette** cassette
**cause : à cause de** because of
**cathédrale** cathedral
**catholique** Catholic
**ce** this
**ceci** this
**ceinture** belt
**ceinture de sécurité** seat belt
**cela** that

**célibataire** single
**celle-ci** this one
**celle-là** that one
**celui-ci** this one
**celui-là** that one
**cendrier** ashtray
**centre** centre
**centre commercial** shopping
   centre
**centre ville** city centre
**ces** these
**cette** this
**ceux-ci** these
**ceux-là** those
**chaise** chair
**chaise longue** deckchair
**chambre** room
**chambre à air** inner tube
**chambre à coucher** bedroom
**chambre pour deux personnes**
   double room
**champ** field
**champignon** mushroom
**chance** luck
   **bonne chance!** good luck!
**chandail** jumper
**changer** change
   **changer de train** change trains
   **se changer** change
**chanson** song
**chanter** sing
**Chantilly** whipped cream
**chapeau** hat
**chaque** each
**chat** cat
**château** castle
**chaud** warm
   **il fait chaud** it is warm
   **j'ai chaud** I am warm
**chauffage** heating

**chaussettes** socks
**chaussures** shoes
**chemin** path
**chemise** shirt
**chemise de nuit** nightdress
**chemisier** blouse
**chèque** cheque
**chèque de voyage** traveller's
   cheque
**cher** *(aimé)* dear
   *(prix)* expensive
**chercher** look for
**cheval** horse
**cheveux** hair
**cheville** ankle
**chewing-gum** chewing gum
**chez : chez moi/Sheila** at my
   place/at Sheila's
**chien** dog
**chocolat** chocolate
**chocolat chaud** hot chocolate
**choisir** choose
**chômage** unemployment
   **au chômage** unemployed
**chose** thing
**chou** cabbage
**chou-fleur** cauliflower
**choux de Bruxelles** Brussels
   sprouts
**cidre** cider
**ciel** sky
**cigare** cigar
**cigarette** cigarette
**cinéma** cinema
**cintre** coathanger
**cirage** shoe polish
**circulation** traffic
**ciseaux** scissors
**citron** lemon
**clair** clear

**bleu/vert clair** light blue/green
**classe** class
**clé** key
**clé anglaise** spanner
**clignotant** indicator
**climat** climate
**climatisation** air-conditioning
**clou** nail
**cochon** pig
**code de la route** highway code
**cœur** heart
**coffre** *(auto)* boot
**cognac** brandy
**coiffeur** hairdresser
**coin** corner
**col** *(de chemise)* collar
　*(de montagne)* pass
**colis** packet
**collants** tights
**colle** glue
**collier** necklace
**colline** hill
**combien** *(quantité)* how much
　*(nombre)* how many
**commander** order
**comme** *(semblablement)* like
　*(parce que)* as
**comment?** how?
　*(pardon?)* pardon?
　**comment allez-vous?** how are
　you?
**commissariat** police station
**compagnie aérienne** airline
**compartiment** compartment
**compliqué** complicated
**comprendre** understand
**comprimé** tablet
**comptant : payer comptant**
　pay cash
**compteur** speedometer

**concert** concert
**concessionnaire** agent
**conducteur** driver
**conduire** drive
**confiture** jam
　**confiture d'orange** marmalade
**congélateur** freezer
**connaître** know
**conseiller** advise
**consigne** left-luggage
**constipé** constipated
**consulat** consulate
**content** pleased
**contraceptif** contraceptive
**contraire** opposite
**contre** against
**coquetier** egg cup
**coquillage** shell
**corde** rope
**cornemuse** bagpipes
**corps** body
**correct** correct
**corridor** corridor
**corsage** blouse
**costume** *(complet)* suit
**côté** side
　**à côté de** next to
**côtelette** chop
**coton** cotton
**coton hydrophile** cotton wool
**cou** neck
**couche** *(de bébé)* nappy
**coucher : se coucher** go to bed
**coude** elbow
**coudre** sew
**couleur** colour
**coup de soleil** sunburn
**coupe de cheveux** haircut
**coupe-vent** cagoule
**couper** cut

**coupure** cut
**courageux** brave
**courir** run
**courrier** mail
**courroie du ventilateur** fan belt
**cours du change** exchange rate
**court** short
**cousin(e)** cousin
**couteau** knife
**coûter** cost
    **combien coûte ... ?** how much
    does ... cost?
**coutume** custom
**couverture** blanket
**crampe** cramp
**cravate** tie
**crayon** pencil
**crème** cream
    *(café)* white coffee
**crêpe** pancake
**crevaison** flat tyre
**crevette** prawn
**crier** shout
**croisière** cruise
**cru** raw
**crustacés** shellfish
**cuillère** spoon
**cuir** leather
**cuire** cook
    *(un gâteau)* bake
**cuisine** kitchen
**cuisinier** cook
**cuisinière** *(four)* oven
**cuit : bien cuit** well done
    **mal cuit** underdone
    **trop cuit** overdone
**curry** curry

**d'abord** first
**d'accord** OK

**dame** lady
**dangereux** dangerous
**dans** in
**de** of
    **de la bière** beer
    **de Londres à Glasgow** from
    London to Glasgow
    **le nez de Marie** Marie's nose
**début** begin
**débutant** beginner
**décaféiné** decaffeinated coffee
**décollage** take-off
**déçu** disappointed
**défendu** forbidden
**dehors** outside
**déjà** already
**déjeuner** lunch
**délicieux** delicious
**demain** tomorrow
**demander** ask
**démangeaison** itch
**démaquillant** skin cleanser
**demi-heure** half an hour
**demi-pension** half board
**dent** tooth
**dentier** dentures
**dentifrice** toothpaste
**dentiste** dentist
**déodorant** deodorant
**départ** departure
**dépêcher : se dépêcher** hurry
    **dépêchez-vous!** hurry up!
**dépliant** leaflet
**dépression** *(nerveuse)* breakdown
**depuis (que)** since
**déranger : ça vous dérange si... ?**
    do you mind if ... ?
**déraper** skid
**dernier** last
    **l'année dernière** last year

**derrière** behind
**des : je voudrais des bananes**
I would like some bananas
**le jardin des propriétaires** the
owners' garden
**descendre** go down
*(de véhicule)* get off
**désinfectant** antiseptic
**désolé : je suis désolé** I'm sorry
**dessert** dessert
**dessous** *(lingerie)* underneath
**dessus** above
**détendre : se détendre** relax
**détester** hate
**devant** in front (of)
**devoir : il/elle doit** he/she must
**diapositive** slide
**diarrhée** diarrhoea
**dictionnaire** dictionary
**différent** different
**difficile** difficult
**dinde** turkey
**dîner** *(nom)* dinner
**dîner** *(verbe)* have dinner
**dire** say
**disquaire** record shop
**disque** record
**divorcé** divorced
**docteur** doctor
**document** document
**doigt** finger
**dommage : c'est dommage**
it's a pity
**donner** give
**dont** whose
**dormir** sleep
**dos** back
**douane** customs
**doubler** overtake
**douche** shower

**douleur** pain
**doux** *(au goût)* sweet
*(au toucher)* soft
**drap** sheet
**drapeau** flag
**draps de lit** bed linen
**droite** right
**à droite (de)** on the right (of)
**drôle** funny
**du : je voudrais du beurre** I'd
like some butter
**la femme du boulanger** the
baker's wife
**dunes** sand dunes
**dur** hard
**duvet** quilt

**eau** water
**eau de Javel** bleach
**eau de toilette** eau de toilette
**eau minérale** mineral water
**eau potable** drinking water
**échanger** exchange
**écharpe** scarf
**école** school
**écossais** Scottish
**écrevisse** crayfish
**écrire** write
**écrou** nut
**église** church
**élastique** *(adj.)* elastic
*(nom)* rubber band
**électricité** electricity
**électrique** electric
**électrophone** record player
**elle** she
**pour/avec elle** for/with her
**elles** they
**pour/avec elles** for/with them
**embouteillage** traffic jam

**embrasser** kiss
**embrayage** clutch
**emprunter** borrow
**en : en France/français/1945**
in France/French/1945
**je vais en Écosse** I am going
to Scotland
**en voiture** by car
**en-cas** snack
**enceinte** pregnant
**enchanté** delighted
**enchanté!** pleased to meet
you!
**encore** *(toujours)* still
*(de nouveau)* again
**encore plus/plus beau** even
more/more beautiful
**enfant** child
**les enfants** (the) children
**enfin** at last
**enlever** remove
**enlever à** take away from
**ennuis** trouble
**ennuyeux** *(lassant)* boring
*(fâcheux)* annoying
**enrhumé : je suis enrhumé**
I've got a cold
**ensemble** together
**ensoleillé** sunny
**entendre** hear
**entre** between
**entrée** *(porte)* entrance
**entremets** dessert
**entrer** go into
**entrer dans** enter
**enveloppe** envelope
**envie : j'ai envie de partir/thé**
I feel like going/some tea
**envoyer** send
**épais** thick

**épaule** shoulder
**épicerie** grocer's
**épinards** spinach
**épingle** pin
**épingle de nourrice** safety pin
**épouse** wife
**équipage** crew
**équitation** horse riding
**erreur** mistake
**es : tu es** you are
**escalier** stairs
**escaliers roulants** escalator
**Espagne** Spain
**espérer** hope
**essayer** try
*(vêtement)* try on
**essence** petrol
**essuie-glace** windscreen wiper
**est** *(direction)* east
**est : il/elle est** he/she is
**estomac** stomach
**et** and
**étage** floor
**étaient : ils/elles étaient** they
were
**étais : j'étais** I was
**tu étais** you were
**était : il/elle était** he/she was
**États-Unis** United States
**été** *(saison)* summer
**êtes : vous êtes** you are
**étiez : vous étiez** you were
**étions : nous étions** we were
**étiquette** label
**étoile** star
**étranger** *(nom)* foreigner
**à l'étranger** abroad
**étranger** *(adj.)* foreign
**être** *(verbe)* be
**étroit** narrow

*(vêtement)* tight
**étudiant(e)** student
**Europe** Europe
**eux** them
**évanouir : s'évanouir** faint
**excellent** excellent
**excursion** trip
   *(à pied)* walk
**excuser : excusez-moi** sorry
**exemple** example
   **par exemple** for example
**exprès** *(volontairement)*
   deliberately
   **par exprès** special delivery
   *(vers l'étranger)* Swiftair
**extincteur** fire extinguisher

**face : en face de** opposite
**facile** easy
**facteur** postman
**facture** bill
**fade** insipid
**faim : j'ai faim** I'm hungry
**faire** make
   *(activité, opération)* do
   **ça ne fait rien** it doesn't
   matter
**falaise** cliff
**falloir : il faut que je/vous ...**
   I/you must ...
**famille** family
**fantôme** ghost
**farine** flour
**fatigué** tired
**faute** mistake
   **c'est ma/sa faute** it's
   my/his fault
**fauteuil roulant** wheelchair
**faux** false
**félicitations!** congratulations!

**femme** woman
   *(épouse)* wife
**femme de chambre**
   chambermaid
**fenêtre** window
**fer** iron
**fer à repasser** iron
**ferme** farm
**fermé** closed
**fermer** close
   **fermer à clef** lock
**fermeture Éclair** zip
**ferry-boat** ferry
**feu** fire
**feuille** leaf
**feux arrière** rear lights
**feux de position** sidelights
**feux de signalisation** traffic lights
**fiancé** *(adj.)* engaged
**fiancé(e)** *(nom)* fiancé(e)
**ficelle** string
**fièvre** fever
**filet** *(viande)* fillet
**fille** girl
   *(enfant)* daughter
**film** film
   **film couleurs** colour film
**fils** son
**fin** *(nom)* end
**flash** flash
**fleur** flower
**foie** liver
**fois** time
**forêt** forest
**formulaire** form
**fort** strong
   *(goût)* hot
**foulard** scarf
**fourchette** fork
**frais** fresh

*(température)* cool
**fraise** strawberry
**framboise** raspberry
**français** French
**Français** Frenchman
   **les Français** French people
**Française** Frenchwoman
**France** France
**frein** brake
**frein à main** handbrake
**freiner** brake
**frère** brother
**frire** fry
**frites** chips, French fries
**froid** cold
   **il fait froid** it is cold
   **j'ai froid** I am cold
**fromage** cheese
**frontière** border
**fruit** fruit
**fruits de mer** seafood
**fuite** *(de tuyau)* leak
**fumée** smoke
**fumer** smoke
**furieux** furious

**galerie** *(auto)* roof rack
**gallois** Welsh
**gant** glove
**garage** garage
**garantie** guarantee
**garçon** *(jeune)* boy
   *(serveur)* waiter
**gare** station
**garer** park
   **se garer** park
**gare routière** bus station
**gâteau** cake
**gâteau sec** biscuit
**gauche** left

**à gauche (de)** on the left (of)
**gaucher : je suis gaucher** I am
   left-handed
**gaz** gas
**gazeux** fizzy
**gel** frost
**gênant** embarrassing
**genou** knie
**gens** people
**gibier** game
**glace** *(eau glacée)* ice
   *(à manger)* ice cream
**glace** *(miroir)* mirror
**glaçon** ice cube
**glissant** slippery
**gomme** rubber
**gorge** throat
**goût** taste
**goûter** *(verbe)* taste
**goutte** drop
**gouvernement** government
**grand** big
   *(haut)* tall
**Grande-Bretagne** Great Britain
**grand magasin** department store
**grand-mère** grandmother
**grand-père** grandfather
**gras** *(adj.)* greasy
**gras** *(nom)* fat
**gratuit** free
**Grèce** Greece
**grêle** hail
**grippe** flu
**gris** grey
**gros** big
   *(personne)* fat
**grotte** cave
**guêpe** wasp
**guerre** war
**guichet** *(gare)* ticket office

*(théâtre)* box office
**guide** guide

**habiller** dress
  **s'habiller** get dressed
**habiter** live
**habitude** habit
  **d'habitude** usually
**habituel** usual
**handicapé** disabled
**haricots** beans
**haricots verts** green beans
**hasard : par hasard** by chance
**haut** high
  **en haut** at the top
  **2 m de haut** 2 m high
**herbe** grass
**heure** hour
  **quelle heure est-il?** what time is it?
**heureux** happy
**hier** yesterday
**histoire** history
  *(à raconter)* story
**hiver** winter
**hollandais** Dutch
**homard** lobster
**homme** man
**honnête** honest
**hôpital** hospital
**horaire** timetable
**horloge** clock
**horrible** horrible
**hors-d'œuvre** hors-d'œuvre
**hors-taxes** duty-free
**hôtel** hotel
**hôtesse de l'air** air hostess
**huile** oil
**huile solaire** suntan oil
**humide** damp

**ici** here
**il** he
**île** island
**ils** they
**immédiatement** immediately
**imperméable** raincoat
**impoli** rude
**important** important
**impossible** impossible
**indigestion** indigestion
**infection** infection
**infirmière** nurse
**infusion** herb tea
**insecte** insect
**instrument de musique** musical instrument
**interdit** prohibited
**intéressant** interesting
**intérieur** inside
**intoxication alimentaire** food poisoning
**invitation** invitation
**inviter** invite
**irlandais** Irish
**Irlande** Ireland
  **Irlande du Nord** Northern Ireland
**Italie** Italy
**itinéraire** route
**ivre** drunk

**jaloux** jealous
**jamais** never
**jambe** leg
**jambon** *(cuit)* ham
**jardin** garden
**jaune** yellow
**je** I
**jeter** throw

*(à la poubelle)* throw away
**jeu** game
**jeune** *(adj.)* young
   **les jeunes** young people
**joli** pretty
**jouer** play
**jouet** toy
**jour** day
**journal** newspaper
**juif** Jewish
**jupe** skirt
**jus** juice
**jusqu'à** until

**kilo** kilo
**kilomètre** kilometre
**klaxon** horn

**la** *(article)* the
   *(pronom)* her
**là** there
**là-bas** over there
**lac** lake
**lacets** shoe laces
**laid** ugly
**laine** wool
**laisser** leave
   **laisser faire** let do
**lait** milk
**lait solaire** suntan lotion
**lame de rasoir** razor blade
**lampe** lamp
**lampe de poche** torch
**lancer** throw
**landau** pram
**lande** moor
**langouste** crayfish
**langoustine** crayfish
**langue** *(parlée)* language
   *(dans bouche)* tongue

**lard** bacon
**large** wide
   **3 m de large** 3 m wide
**lavabo** washbasin
**laver** wash
   **se laver** wash
**laverie automatique** launderette
**lave-vaisselle** *(machine)*
   dishwasher
   *(liquide)* washing-up liquid
**laxatif** laxative
**le** *(article)* the
   *(pronom)* him
**leçon** lesson
**lecteur de cassettes** cassette
   player
**léger** light
**légume** vegetable
**lent** slow
**lentement** slowly
**lentilles de contact** contact lenses
**les** *(article)* the
   *(pronom)* them
**lessive** *(poudre)* washing powder
   **faire la lessive** do the
   washing
**lettre** letter
**leur** *(adj.)* their
   *(pronom)* them
**levée postale** collection
**lever : se lever** get up
**librairie** bookshop
**libre** free
**lime à ongles** nail file
**limite de vitesse** speed limit
**linge** *(à laver)* laundry
**lire** read
**liste** list
**lit** bed
**litre** liter

**living** living room
**livre** *(à lire)* book
**livre** *(poids)* pound
**logement** accommodation
**loger** *(habiter)* stay
**loin** far away
**Londres** London
**long** long
**longtemps** a long time
**longueur** length
**louer** *(maison, voiture)* rent
   **à louer** for hire
**lourd** heavy
**loyer** rent
**lui** *(masculin)* him
   *(féminin)* her
**lune** moon
**lunettes** glasses
**lunettes de soleil** sunglasses

**ma** my
**machine à laver** washing
   machine
**madame** madam
**mademoiselle** miss
**magasin** shop
**magazine** magazine
**maigre** skinny
**maillot de bain** swimming
   costume
**main** hand
**maintenant** now
**mairie** town hall
**mais** but
**maison** house
**mal** *(nom)* ache
**mal** *(adverbe)* badly
   **je me sens mal** I feel sick
   **cela fait mal** it hurts
**malade** ill

**mal à la tête** headache
**mal de dents** toothache
**mal de mer : j'ai le mal de**
   **mer** I'm seasick
**malheureusement** unfortunately
**maman** mum
**Manche** Channel
**manger** eat
**manteau** coat
**manuel de conversation** phrase
   book
**maquillage** make-up
**marchand de vins** off-licence
**marché** market
**marche arrière** reverse (gear)
**marcher** walk
   *(fonctionner)* work
**marée** tide
   **marée basse/haute** low/high
   tide
**margarine** margarine
**mari** husband
**mariage** wedding
**marié** married
**marron** *(couleur)* brown
**marron** *(fruit)* chetnut
**marteau** hammer
**mascara** mascara
**matelas** mattress
**matin** morning
**mauvais** bad
**maux d'estomac** stomach ache
**me** me
   *(réfléchi)* myself
**mécanicien** mechanic
**médecin** doctor
**médicament** medicine
**meilleur** better
   **le meilleur** the best
**mélanger** mix

# DICTIONNAIRE

**même** same
  **même les hommes/si** even men/if
  **moi/toi-même** my/yourself
**menu** menu
**mer** sea
**merci** thank you
**mère** mother
**mes** my
**message** message
**messe** mass
**métal** metal
**météo** weather forecast
**métier** job
**métro** underground
**mettre** put
**meuble** piece of furniture
**meubles** furniture
**midi** midday
**miel** honey
**mieux** better
**milieu** middle
**mince** thin
**minuit** midnight
**miroir** mirror
**Mme** Mrs
**mode** fashion
  **à la mode** fashionable
**moderne** modern
**moi** me
**moins** less
**mois** month
**moitié** half
  **la moitié de ...** half ...
**mon** my
**monde : tout le monde** everybody
**monsieur** mister
  **pardon, monsieur** excuse me sir

**montagne** mountain
**monter** go up
  *(dans un véhicule)* get in
**montre** watch
**montrer** show
**monument** monument
**moquette** carpet
**morceau** piece
**morsure** bite
**mort** *(adj.)* dead
**mort** *(nom)* death
**mot** word
**moteur** engine
**moto** motorbike
**mouche** fly
**mouchoir** handkerchief
**mouchoirs en papier** tissues
**mouillé** wet
**moules** mussels
**mourir** die
**mousse à raser** shaving foam
**moustache** moustache
**moustique** mosquito
**moutarde** mustard
**mouton** sheep
**moyen** *(de taille)* mediumsized
**mur** wall
**mûr** ripe
**mûre** blackberry
**musée** museum
**musée de peinture** art gallery
**musique** music
**musulman** Muslim
**myope** shortsighted

**nager** swim
**né** born
  **je suis né en ...** I was born in ...
**nécessaire** necessary
**négatif** *(photo)* negative

**neige** snow
**nettoyer** clean
**neuf** *(nouveau)* new
**neveu** nephew
**nez** nose
**ni ... ni ...** neither ... nor ...
**nièce** niece
**Noël** Christmas
**noir** black
**noix** nut
**nom** name
**non** no
**non-fumeurs** no smoking
**nord** north
**normal** normal
**nos, notre** our
**note** *(addition)* bill
**nourriture** food
**nous** we
  **pour/avec nous** for/with us
**nouveau** new
**nouvelles** news
**nu** naked
**nuageux** cloudy
**nuit** night
  **bonne nuit** good night
**nulle part** nowhere
**numéro** number

**objectif** *(photo)* lens
**objets trouvés** lost property
**obtenir** get
**obturateur** shutter
**occupé** *(personne)* busy
  *(téléphone, toilettes)* engaged
**occuper : s'occuper de** take
  care of
**odeur** smell
**œil** eye
**œuf** egg

**œuf dur** hard-boiled egg
**œuf mollet** boiled egg
**offrir** offer
  *(cadeau)* give
**oignon** onion
**oiseau** bird
**ombre à paupières** eyeshadow
**omelette** omelette
**oncle** uncle
**opticien** optician
**or** *(métal)* gold
**orage** storm
**orange** orange
**ordonnance** prescription
**ordures** litter
**oreille** ear
**oreiller** pillow
**organe** organ
**organiser** organise
**os** bone
**oser** dare
**ou** or
**où** where
**oublier** forget
**ouest** west
**oui** yes
**outil** tool
**ouvert** open
**ouvre-boîte** tin opener
**ouvrir** open

**pain** bread
  **pain blanc/complet**
  white/wholemeal bread
**paire** pair
**pamplemousse** grapefruit
**panier** basket
**panne** breakdown
  **tomber en panne** break down
**pansement** bandage

**pantalon** trousers
**pantoufles** slippers
**papa** dad
**papier** paper
**papier à lettres** writing paper
**papier collant** Sellotape®
**papier d'emballage** wrapping
   paper
**papier hygiénique** toilet paper
**Pâques** Easter
**paquet** package
**par** by
   *(à travers)* through
   **par semaine** per week
**parapluie** umbrella
**parc** park
**parce que** because
**pardon** excuse me
**pare-brise** windscreen
**pare-chocs** bumper
**pareil** similar
**parents** parents
**paresseux** lazy
**parfois** sometimes
**parfum** perfume
**parking** car park
**parler** speak
   **parlez-vous ...?** do you
   speak ...?
**partir** leave
**partout** everywhere
**pas** not
   **pas de ...** no ...
   **je ne suis pas jaloux** I am
   not jealous
**passage clouté** pedestrian
   crossing
**passager** passenger
**passé : l'année passée** last year
**passeport** passport

**passer : passer par** go through
**pâtes** pasta
**pâtisserie** *(magasin)* cake shop
   *(gâteau)* cake
**patron** manager
**pauvre** poor
**payer** pay
**pays** country
**paysage** scenery
**Pays Bas** Netherlands
**Pays de Galles** Wales
**pêche** *(au poisson)* fishing
**pêche** *(fruit)* peach
**peigne** comb
**pelle** spade
**pelouse** lawn
**pendant** during
   **pendant que** while
**penser** think
**pension** guesthouse
   **demi-pension** half board
   **pension complète** full board
**perdre** lose
**père** father
**permettre** allow
**permis** licence
**permis de conduire** driving
   licence
**personne** *(nom)* person
**personne** *(nul)* nobody
**petit** small
**petit déjeuner** breakfast
**petit pain** roll
**petits pois** peas
**peu** little
   **un peu de ...** a little bit of ...
   **à peu près** about
**peur** fear
   **j'ai peur (de)** I'm afraid (of)
**peut-être** maybe

**phare** *(tour)* lighthouse
  *(d'auto)* headlight
**pharmacien** chemist's
**photographie** photograph
**photomètre** light meter
**pièces de rechange** spare parts
**pied** foot
  **pieds** feet
  **à pied** on foot
**pierre** stone
**piéton** pedestrian
**pile** battery
**pilote** pilot
**pince** pliers
**pince à épiler** tweezers
**pince à linge** clothes peg
**pinceau** paintbrush
**pipe** pipe
**pique-nique** picnic
**piquer** sting
**piqûre** *(d'insecte)* bite
  *(médicale)* injection
**pire** worse
**piscine** swimming pool
**place** *(de village)* square
  *(espace)* room
  *(siège)* seat
**plage** beach
**plaindre : se plaindre**
  complain
**plaire : ... me plaît** I like ...
**plaisanterie** joke
**plan** *(de ville)* map
**plante** plant
**plaque minéralogique** number
  plate
**plastique** plastic
**plat** *(adj.)* flat
**plat** *(nom)* dish
**plateau** tray

**plein** full
**pleurer** cry
**pleuvoir** rain
  **il pleut** it is raining
**pluie** rain
**plus** more
  **le plus grand/laid** the
  biggest/ugliest
  **ne ... plus** no longer
  **plus grand/petit**
  larger/smaller
  **plus que** more than
**plusieurs** several
**plutôt** rather
**pneu** tyre
**poche** pocket
**poêle** *(à frire)* frying pan
**poids** weight
**poignée** handle
**poignet** wrist
**poire** pear
**poireau** leek
**poisson** fish
**poissonnier** fishmonger's
**poitrine** chest
**poivre** pepper
**police** police
**politique** *(adj.)* politique
  *(nom)* politics
**pommade** ointment
**pomme** apple
**pomme de terre** potato
**pompiers** fire brigade
**poney** pony
**pont** bridge
**porc** pork
**port** harbour
**porte** door
**porte-bagages** luggage rack
**portefeuille** wallet

**porte-monnaie** purse
**porter** carry
**portier** porter
**poste** *(la)* post office
**poster** *(verbe)* post
**poster** *(affiche)* poster
**potage** soup
**poubelle** dustbin
**poudre** powder
**poule** *(animal)* hen
   *(viande)* chicken
**poulet** chicken
**poupée** doll
**pour** for
   **pour que** in order to
**pourboire** tip
**pourquoi** why
**pousser** push
**poussette** pushchair
**pouvoir** can
   **je peux/elle peut** I/she can
**préférer** prefer
**premier** first
**premier** *(étage)* first floor
**première** *(classe)* first class
**premiers secours** first aid
**prendre** take
**prénom** first name
**préparer** prepare
**près : près de** near
**presque** almost
**pressing** dry cleaner's
**prêt** *(adj.)* ready
**prêtre** priest
**printemps** spring
**priorité** *(auto)* right of way
**prise** *(électrique)* plug
**prise multiple** adaptor
**privé** private
**prix** price

**problème** problem
**prochain** next
   **l'année prochaine** next year
**produits de beauté** cosmetics
**profond** deep
**promenade** walk
**promener : se promener** go
   for a walk
**promettre** promise
**prononcer** pronounce
**propre** clean
**propriétaire** owner
**protestant** Protestant
**prudent** careful
**puis** then
**pull** sweater
**pyjama** pyjamas

**quai** *(de gare)* platform
**qualité** quality
**quand** when
**quand même** anyway
**quartier** area
**que** that
   **que ...?** what ...?
   **plus/moins que** more/less
   than
**quel?** which?
**quelque chose** something
**quelque part** somewhere
**quelques** some
**quelqu'un** somebody
**question** question
**queue** *(d'animal)* tail
   **faire la queue** queue
**qui** who
**quincaillerie** ironmonger's
**quinzaine** *(de jours)* fortnight
**quoi?** what?

**radiateur** heater
**radio** radio
**raisin** grapes
**rallonge** extension lead
**rapide** fast
**rare** rare
**raser : se raser** shave
**réceptionniste** receptionist
**recommander** recommend
**reconnaissant** grateful
**reçu** receipt
**réfrigérateur** fridge
**regarder** look at
**régime** *(alimentaire)* diet
**région** area
**rein** kidney
**reine** queen
**religion** religion
**rembourser** refund
**remercier** thank
**remorque** trailer
**rencontrer** meet
**rendez-vous** appointment
**rendre** *(restituer)* give back
**renseignement** information
**réparer** repair
**repas** meal
**répéter** repeat
**reposer : se reposer** take a rest
**réservation** reservation
**réserver** book
**responsable** responsible
**ressort** spring
**restaurant** restaurant
**reste** rest
**retard** delay
  **en retard** late
**rétroviseur** rear-view mirror
**réveil** *(montre)* alarm clock
**réveiller** wake up

**se réveiller** wake up
**revenir** come back
**rez-de-chaussée** ground floor
**rhume** cold
**rhume des foins** hayfever
**riche** rich
**rideau** curtain
**ridicule** ridiculous
**rien** nothing
**rire** laugh
**rivière** river
**riz** rice
**robe** dress
**robe de chambre** dressing gown
**robinet** tap
**rocher** rock
**roi** king
**roman** *(à lire)* novel
**rond** round
**rose** *(couleur)* pink
**rose** *(fleur)* rose
**roue** wheel
**rouge** red
**rouge à lèvres** lipstick
**route** road
**rue** street
**ruines** ruins
**ruisseau** stream

**sa** *(possesseur masculin)* his
  *(féminin)* her
**sable** sand
**sac à dos** rucksack
**sac à main** handbag
**sac de couchage** sleeping bag
**saison** season
**salade** salad
**sale** dirty
**salé** *(goût)* salty
**salle à manger** dining room

**salle d'attente** waiting room
**salle de bains** bathroom
**salon** lounge
**sandales** sandals
**sandwich** sandwich
**sang** blood
**sans** without
**santé** health
**sauce** sauce
**sauf** except
**saumon** salmon
**sauvage** wild
**savoir** *(verbe)* know
**savon** soap
**seau** bucket
**sec** dry
**sèche-cheveux** hair drier
**sécher** dry
**second** second
**seconde** *(temps)* second
**seconde** *(classe)* second class
**secours** help
  **au secours!** help!
**séduisant** attractive
**séjour** *(dans endroit)* stay
**sel** salt
**sels de bain** bath salts
**semaine** week
**semblable** similar
**sens** *(direction)* direction
**sentier** path
**sentir** *(odeur)* smell
  *(sensation)* feel
  **je me sens bien/mal** I feel
  well/unwell
**séparément** separately
**sérieux** serious
**serrure** lock
**serveuse** waitress
**service** service

  *(pourboire)* service charge
  **rendre service** help
**serviette** *(pour documents)*
  briefcase
  *(de table)* serviette
**serviette de bain** towel
**serviette hygiénique** sanitary
  towel
**servir** *(repas)* serve
  **servir à** be useful for
  **servez-vous!** help yourself!
**ses** *(possesseur masculin)* his
  *(féminin)* her
**seul** alone
**seulement** only
**shampoing** shampoo
**shopping** shopping
**short** shorts
**s'il vous plaît** please
**si** if
  **si beau/si grand** so
  beautiful/big
  *(mais oui)* yes
**siècle** century
**siège** seat
**signer** sign
**simple** simple
**sinon** otherwise
**slip** underpants
**slip de bain** swimming trunks
**société** *(entreprise)* company
  **la société** society
**sœur** sister
**soie** silk
**soif** thirst
  **j'ai soif** I am thirsty
**soir** evening
  **ce soir** tonight
**soit ... soit ...** either ... or ...
**soldes** sale

**soleil** sun
**sombre** dark
**sommeil : j'ai sommeil** I am
   sleepy
**sommes : nous sommes** we are
**somnifère** sleeping pill
**son** *(possesseur masculin)* his
   *(féminin)* her
**sonner** ring
**sonnette d'alarme** communication cord
**sont : ils /elles sont** they are
**sortie** exit
   **sortie de secours** emergency
   exit
**sortir** go out
**souci** worry
**soudain** suddenly
**soupe** soup
**sourd** deaf
**sourire** smile
**sous** under
**sous-sol** basement
**soutien-gorge** bra
**souvenir** *(nom)* souvenir
**souvenir : se souvenir (de)**
   remember
**souvent** often
**spécialement** especially
**starter** choke
**stationner** park
**station-service** petrol station
**steak** steak
**stupide** stupid
**stylo** pen
**stylo à bille** biro
**stylo à réservoir** foutain pen
**stylo-feutre** felt-tip pen
**sucre** sugar
**sucré** sweet

**sud** south
**suffire : ça suffit** that's enough
**suis : je suis** I am
**suisse** Swiss
**Suisse** *(pays)* Switzerland
**suivant** *(adj.)* next
**suivre** follow
**supermarché** supermarket
**supplément** supplement
**supporter : je ne supporte pas**
   I can't stand
**sur** on
**sûr** *(certain)* sure
   *(en sécurité)* safe
**surnom** nickname
**surpris** surprised
**surprise** surprise
**survêtement** tracksuit
**sympathique** nice
**syndicat d'initiative** tourist
   office

**ta** your
**tabac** tobacco
**tabac-journaux** newsagent
**table** table
**taille** *(de vêtements)* size
**taille-crayon** pencil sharpener
**tailleur** *(vêtement)* suit
**talon** heel
**tampon** tampon
**tante** aunt
**tapis** rug
**tard** late
**tarte** tart, pie
**tasse** cup
**taxi** taxi
**te** you
   *(réfléchi)* yourself
**téléphone** telephone

**téléphoner** phone
**télévision** television
**témoin** witness
**température** temperature
**tempête** storm
**temple** Protestant church
**temps** *(météo)* weather
   *(durée)* time
**tenir** hold
**tente** tent
**tes** your
**tête** head
**thé** tea
**théâtre** theatre
**thermos** thermos flask
**tiède** lukewarm
**timbre** stamp
**tire-bouchon** corkscrew
**tirer** pull
**tissu** material
**toast** toast
**toi** you
**toilettes** toilets
**toilettes pour dames** ladies
**toilettes pour messieurs** gents
**tomate** tomato
**tomber** fall
**ton** your
**torchon à vaisselle** tea towel
**tôt** early
**toucher** touch
**toujours** always
**tour** *(la)* tower
**tour : faire un tour** *(à pied)* go
   for a walk
   *(en voiture)* go for a ride
**touriste** tourist
**tournée : c'est ma tournée**
   this round is on me
**tourner** turn

**tournevis** screwdriver
**tous** all
   **tous les deux** both
   **tous les jours** every day
**tousser** cough
**tout** *(pronom)* everything
   **tout le lait/ toute la bière** all
   the milk/beer
   **toute la journée** all day
   **en tout** altogether
**tout à coup** suddenly
**tout de sulte** immediately
**toux** cough
**traduire** translate
**train** train
**tranquille** quiet
**transmission** transmission
**transpirer** sweat
**travail** work
   *(métier)* job
**travailler** work
**traverser** cross
**très** very
**triste** sad
**trop** *(avec adj.)* too
   *(avec verbe)* too much
**trottoir** pavement
**trouver** find
**tu** you
**tunnel** tunnel
**tuyau** pipe

**un** a
   *(nombre)* one
**une** a
**université** university
**urgence** emergency
**urgent** urgent
**ustensiles de cuisine** cooking
   ustensils

**utile** useful
**utiliser** use

**vacances** holiday
  **les grandes vacances** the summer holidays
**vache** cow
**vague** *(d'eau)* wave
**vaisselle** *(propre)* crockery
  **faire la vaisselle** do the washing up
**valable** valid
**valise** suitcase
**vallée** valley
**vanille** vanilla
**vase** vase
**veau** *(viande)* veal
**végétarien** vegetarian
**véhicule** vehicle
**vélo** bicycle
**vendre** sell
**venir** come
  **je viens de Lyon** I come from Lyons
**vent** wind
**vente** sale
**ventilateur** fan
**ventre** stomach
**vernis à ongles** nail polish
**verre** glass
**verrou** bolt
**verrouiller** bolt
**vert** green
**veste** jacket
**vêtements** clothes
**vétérinaire** vet
**veuf** widower
**veuve** widow
**viande** meat
**vide** empty

**vie** life
**vieux** old
**village** village
**ville** town
**vin** wine
  **vin rouge/blanc/rosé** red/white/rosé wine
**vinaigre** vinegar
**vinaigrette** French dressing
**violet** purple
**virage** bend
**vis** screw
**visa** visa
**visage** face
**viseur** viewfinder
**visite** visit
**visiter** visit
**vite** quickly
**vitesse** *(rapidité)* speed *(première, etc.)* gear
**vivre** live
**voici** here is/are
**voilà** here is/are
**voir** see
**voisin(e)** neighbour
**voiture** car
**voix** voice
**vol** flight
**volaille** poultry
**volant** steering wheel
**voler** *(dans l'air)* fly *(dérober)* steal
**voleur** thief
**vomir** be sick
**vos** your
**votre** your
**vôtre : à la vôtre!** cheers!
**vouloir** want
  **je voudrais** I'd like
**vous** you

# DICTIONNAIRE

**voyage** journey
**bon voyage!** have a good journey!
**voyage de noces** honeymoon
**vrai** true
**vue** view

**wagon** carriage
**wagon-lit** sleeper
**wagon-restaurant** dining car

**WC** toilet
**week-end** weekend
**whisky** whisky

**y : y a-t-il ... ?** is/are there ... ?

**yaourt** yoghurt

**zoo** zoo